한·중 한자인칭접미사 대조 연구

이영자 李英子

중국 연길 출생, 중국 연변대학교 한어학부 졸업(1995년), 중국 연변대학교 중국어문자학 문학석사(2001년), 한국 경북대학교 인문대학 국어국문학 문학박사(2009년), 연변대학교(延邊大學校) 강사 역임, 현재 중국 연태대학교(中國·煙台大學校) 한국어학과 부교수

연구업적
　　중국 국가교육부 해외귀국인원연구프로젝트(2010), 「对韩 (朝) 汉语教学研究」, 「중국조선어문」, 「漢語學習」, 「民族語文」, 「언어과학연구」, 「한국어교육연구」, 「어문논총」 등 간행지에 다수의 논문 발표.

번역서
　　『跨海之戀』, 『現代中國語虛辭詞典』 및 「문익점과 조선민족 복식혁명」, 「试论道生的涅磐佛性学说」 등 역문 출간.

한·중 한자인칭접미사 대조 연구
韓中漢字人称后綴対比研究

초판1쇄 인쇄 2017년 12월 8일
초판1쇄 발행 2017년 12월 18일

지은이 이영자
펴낸이 이대현
책임편집 이태곤 / 편집 권분옥 홍혜정 박윤정 문선희
디자인 안혜진 최기윤 홍성권
마케팅 박태훈 안현진 이승혜

펴낸곳 도서출판 역락 / 출판등록1999년 4월19일 제03-2002-000014호
주소 서울시 서초구 동광로 46길 6-6 문창빌딩 2층 (우-06589)
전화 02-3409-2060 / 팩스 02-3409-2059
블로그 http://blog.naver.com/youkrack3888 / 이메일 youkrack@hanmail.net

ISBN 979-11-6244-005-6 93710

「이 도서의 국립중앙도서관 출판예정도서목록(CIP)은 서지정보유통지원시스템 홈페이지(http://seoji.nl.go.kr)와 국가자료공동목록시스템(http://www.nl.go.kr/kolisnet)에서 이용하실 수 있습니다.(CIP제어번호: CIP2017030504)」

한·중 한자인칭접미사 대조 연구

이영자 지음

가민생자	공배수족	광사원	도사인

×

家民生者	工輩手族	狂士員	徒師人

역락

이 책은 필자가 2009년 경북대학교 대학원에 제출한 박사학위논문 「한·중어 한자어 인칭접미사 대조 연구」를 수정 보완한 것이다. 그동안 많은 세월이 흘렀음에도 책의 출판을 미루어 온 것은 무엇보다도 필자의 게으른 탓이겠지만 부족한 논문을 감히 책으로 낼 용기가 나지 않았기 때문이다. 그사이 소소한 논문들을 통해 재검증과 수정 보완의 시간을 거쳐 이제 감히 여러 전문가들의 편달과 고견을 얻고자 과감히 출판을 결심하게 되었다.

이 책은 한국어 한자 접미사와 대응하는 중국어 접미사 14개를 논의의 대상으로 선정하여 이들의 형태·의미론적 공통점과 상이점을 밝히는 데 목적을 둔다. 파생어 용례는 원칙적으로 '2음절(이상)어기+접미사'로 한정하기로 한다. 한국어에서는 '학자/學者, 목사/牧師…'와 같은 단어를 파생어로 간주하지 않지만 중국어에서는 '학자/學者, 목사/牧師…'와 같은 형태를 파생어로 볼 것인지 비파생어로 볼 것인지 그 차이가 분명하지 않고 학자에 따라서 이견 차이가 크다. 따라서 이 책은 특별한 설명을 제외하고 3음절(이상)파생어를 기본 용례 단위로 한다. 단, 일부 개별 접미사들에 한해 의미의 변별자질을 밝히기 위해 부득이 2음절 파생어도 허용하였음을 밝혀두는 바이다.

책에서는 사전, 말뭉치, 일부 논저 등에서 추출한 가능한 많은 양의 파생어 용례를 제시하여 그 의미를 구명하고자 하였다. 지면 관계로 파생어 용례 전반을 제시하는 것은 무리가 있기에 사전과 말뭉치 용례를 중심으로 본문에 반영하였다. 그 내용은 다음과 같이 구성되었다.

제2장에서는 지금까지 학자들에 의해 논의되어 왔던 인칭접미사들을 포괄적으로 그들의 기능에 따라 하위분류함으로써 인칭접미사의 전반적 상황을 조망해 본다. 이를 위하여 전체 인칭접미사를 몇 가지 기준으로 분류할 수 있는데, 이 책은 형태와 의미로부터 '개체와 집단', '실질적 의미와 상황적 의미', '동심구조와 이심구조' 등으로 나누어 고찰할 것이다.

제3장은 한·중 14개 한자 인칭접미사에 대한 형태론적 대조부분인데 '어기의 양상', '파생력'으로 나누어 살펴보고 각 부분에 대한 대조를 통하여 한·중 두 언어의 형태론적 차이점을 밝히고자 하였다.

제4장에서는 한·중 인칭접미사의 의미 기능을 고찰할 것이다. 앞 장절의 연구를 토대로 두 언어 간의 한자 인칭접미사의 의미 기능의 차이점과 공통점을 밝히고자 하였다. 의미 기능은 실질적 의미와 상황적 의미로 나누고, 실질적 의미 기능은 [+전문], [+성향], [+직업], [+신분], [+집단] 등의 자질로 구체화하여 고찰할 것이다. 상황적 의미 고찰은 주로 [+존대]와 [+비하]의 두 부분으로 나누어 진행한다. 최종적으로 동일 어기와 결합하는 인칭접미사들의 교체 양상을 통하여 의미영역과 기능의 대응 관계를 살펴보았다.

제5장 결론 부분에서는 지금까지 살펴본 논의들을 토대로 인칭접미사들의 형태와 의미 기능면에서의 공통점과 차이점을 요약 정리하고 남은 과제에 대하여 간략하게 언급하는 것으로 마무리를 할 것이다.

전반 접미사 연구를 놓고 보면 한국어에서 한자어 연구가 고유어에 비해 많이 미진한 편이고 중국어는 인칭접미사의 변화와 연구가 활발한 편으로 이들은 비대칭적 양상을 띤다. 책에서는 한자어가 지닌 복합적 특징과 용법상의 유동성을 바탕으로 조어적인 측면과 의미적 기능 두 갈래를 주선으로 언어 일상에서 자주 접하는 14개 인칭접미사를 대상으로 그 기능을 소상히 파악하는 데 주력하였다. 그럼에도 불구하고 아직 미흡한 부분들이 적지 않으므로 계속 천착하여 한·중 어휘론 연구의 기반이 될 만한 내용으로 발전시켜 나아가려 한다.

필자가 이 책을 출판하기까지는 많은 분들의 도움과 격려가 있었다. 무엇보다도 학문의 참 모습을 몸소 실천하시고 엄격한 가르침을 주셨던 홍사만 은사님께 깊은 감사의 말씀을 드린다. 아울러 부족한 논문을 애정 어린 시선으로 보완해 주신 백두현 교수님, 임지룡 교수님, 정인숙 교수님, 이상태 교수님, 이상규 교수님, 이문규 교수님, 남길임 교수님께도 깊이 감사드린다.

학부와 석사과정 시절, 언어학에 대한 기반을 닦도록 심혈을 기울여 주신 최건 교수님과 김기석 교수님. 그리고 소중한 유학의 기회를 주신 최웅권 교수님께도 이 지면을 빌려 진심으로 되는 감사의 마음을 전한다.

무엇보다 어려운 생활여건 속에서도 늘 '세상엔 쉬운 일도 없지만 못해 낼 일도 없다'고 가르침을 주셨던 존경하고 사랑하는 부모님께 이 책을 바친다. 평생을 고등학교 교사로 우리 말과 글을 가르쳐 오셨던 그리운 아버지, 이젠 저 멀리 하늘나라에 가 계시지만 이 뒤늦은 선물에 기뻐하실 모습을 그려보면서 작은 위로를 얻는다.

끝으로 투박한 원고를 이렇듯 훌륭한 책으로 만들어 주신 역락출판사 이대현 사장님과 이태곤 편집이사님을 비롯한 편집진 여러분께도 깊은 고마움을 전한다.

2017년 12월

이영자

차례

제 1 장

한자어 인칭접미사 연구에 관하여

1.1. 인칭접미사 연구개황

1.1.1. 한국에서의 연구

한국어 접미사는 고유어와 한자어라는 두 갈래의 줄기를 따라 그 연구가 진행되어 왔다. 김계곤1996:48은 한국어 고유어 접미사 연구에 대해 "뒷가지와 이에 따른 문제들도 앞가지의 경우와 같이 원칙이나 원리에 의해서 일관되어 있지 않고 막연한 어휘 수록에 그치고 있어, 그야말로 난맥상 그대로의 테두리를 벗어나지 못하고 있다."고 지적한 바 있다. 비록 선학들에 의해서 고유어 접미사에 대한 통시적 연구가 많이 다루어졌고 또한 괄목할 만한 성과도 거두었지만, 전반적으로 살펴보았을 때 아직까지 학계의 공인을 받을 수 있는 접미사 설정 기준이나 목록이 제시되지 못하고 있으며 효과적인 의미 기능 탐구와 언어교수에서의 응용분야는 연구의 미개척지로 남아있다.

한자어는 특히 한국어의 현실 언어생활에서 중요한 자리를 차지하는데 한자어 없이 의사소통을 하기란 거의 불가능하다.

그럼에도 불구하고 한자어와 한자 접미사에 대한 전반적 논의는 매우 소략하게 다루어져 왔다. 노명희2005:1-2는 한자어 연구에 대하여 다음과 같이 지적한다. "한자어 가운데서도 활발한 생산성을 보이는 한자 인칭접미사에 대한 논의는 고유어에 견주어 볼 때 그리 많지 않았던 것으로 보인다. 기존의 한자어 조어법에 대한 연구들은 한자어의 특성을 고려하지 않은 채 고유어를 다루면서 한자어에 대해 부분적으로 언급하거나 반대로 한자어를 지나치게 한문 문법에만 의존해서 설명하려 했던 문제점이 있는 듯이 생각된다." 더 나아가 한자 인칭접미사에 대한 연구가 있다 하더라도 각각의 개별 한자 어휘의 의미 해석에만 초점을 둔 연구들이 큰 비중을 차지하고 있으며, 형태론적이나 의미론적인 변별기능에 관한 논의는 적은 편이다. 아울러 한·중 대조언어학적인 비교연구는 아직 시작단계에 불과하다.

이 책은 이러한 문제의식으로부터 출발하여 우선 한국어 고유어와 한자 인칭접미사에 관한 기존 논의를 좀 더 상세히 살펴보고 그 문제점들을 짚어 보도록 하겠다.

한국 고유어 접미사에 대한 논의는 20세기 30년대 최현배1929를 시작으로 김계곤1969, 고영근1974, 서병국1975, 홍사만1977, 1997, 김종택1982, 송철의1989, 하치근1989, 조일규1997, 김정은2000, 이광호2007 등에서 활발히 진행된 바 있다. 근래에는 한자어 파생어 연구 분야에 관심이 집중되고 있는데 서병국1975, 김종택1982, 송기중1992, 김계곤1996, 정원수1994, 김용한1996, 김진호1992, 정민영1993, 2005, 박형익2003, 노명희2005, 방향옥2011등의 연구를 대표로 들 수 있다. 그러나 이와 같은 연구가 진행되었음에도 불구하고 아래와 같은 문제점들이 여전히 남는다.

첫째, 한국 고유어 접미사는 오랜 시간 동안 그 설정 기준과 목록 작성에 있어서 주장이 엇갈리고 있으며 아직까지 학계의 통설로 된 기준을 갖고 있지 못한 상황이다. 이와 관련된 고유어 인칭접미사 설정에 관한 기존 논의 중 대표적인 몇 개만 살펴보도록 하겠다.

최현배1929=2004:148-149에 따르면 "씨가지(語枝, 接辭)는 뿌리에 붙어서 더러는 그 뜻을 보태고 더러는 그 자격을 바꾸는 구실을 하는 조각"이라 하고 또 그 기능을 "(1)씨뿌리의 앞에 붙어서 어떠한 뜻을 더하는 것과 (2)씨뿌리의 뒤에 붙어서 더러는 뜻을 더하고 더러는 그 씨의 감목을 바꾸는 것과 (3)씨와 씨와의 사이에 들어가서 그것을 붙여서 한 씨로 만드는 것이 있으나, 다 한낱의 씨로서의 독립성을 가지지 못함은 한가지다."고 하였다.

김계곤1969은《한글 소사전》과《국어대사전》의 비교·대조를 토대로 최초로 한국어 접사 목록을 제시한 바 있다. 고유어, 한자어와 혼합말 접미사는 총 61개인데 그 중 고유어 인칭접미사는 9개, 한자 인칭접미사는 11개로 나타났다.

고영근1974:27-28은 접미사 설정 기준을 네 가지로 잡았는데 "(1)의존성을 띨 것 (2)특수성을 띨 것 (3)어휘성을 띨 것 (4)조사나 어미와의 통합에 제약이 없을 것"이 바로 그것이다. 그는 이제껏 학계에서 접미사로 다루었던 것들을 목록으로 묶어서 제시하였는 데, 총 638개 접미사 중 인칭접미사는 55개로 파악되었다.

하치근1986에서는 70개의 고유어 인칭접미사를 제시하고 있다. 그는 접미사가 갖추어야 할 조건2005:124으로 '(1)특정한 통어 범주에 속하는 뿌리에만 붙어야 하고 (2)특정한 통어 범주에 속하는 낱말만을 파생해야 하고 (3)접미사가 가진 자질이 뿌리에 스며드는 자질 및 스며들기 작용을 이행해야 한다'는 세 가지를 꼽고 있다. 이와 같이 학자마다 접미사 설정 기준과 목록 선정에 있어서 큰 차이가 난다.

둘째, 한자 인칭접미사 역시 여러 학자들에 의해 광범위하게 논의되어 왔지만 고유어와 똑같은 난맥상을 보인다. 신기상 2005:147은 "한자어의 접사는 고유어 접사와는 달리 그 범위를 설정하기가 쉽지 않다. 접사의 기준 설정이 대단히 모호하기 때문이다"라고 지적하였고 특히 노명희2005:96-97는 "한자 접미사에 관하여 논자마다 한자 접미사로 꼽고 있는 대상이 일률적이지 않아 과연 어떤 형태소를 접미사로 볼 수 있을 것인지는 확정할 수 없는 상황이다."라고 언급하면서 그 난맥상을 여실히 보여주고 있다.

최현배1971=1989는 '-인(人), -가(家), -자(者), -사(師), -원(員), -사(士), -부(婦), -자(子), -부(夫), -공(工), -배(輩)' 등을 인칭접미사로 들고 있다. 그는 씨가지를 그 하는 구실에 따라 뜻 더하는 것(加意的)과 말 만드는 것(造語的)과 소리 고루는 것(調音的)의 세 가지로 나누었는데, 현재 접미사에 대한 기능적 분류는 최현배의 가의적인 것과 조어적인 것을 기준으로 삼고 있으며, 이에 관해 고영근은 가의적 접사를 어휘적 접사로, 조어적 접사를 통사적 접사로 명명 분류하고 있다(서병국1975: 85). 이는 국어 접미사의 분류 중 초기의 것이면서 가장 대표적이라 할 수 있다.

김계곤1969=1996은 한자 접미사에 대한 기준을 주로 그 독립적인 쓰임 여부와 의미면에서 찾고 있는 데 '家'('전문 방면에 능통한 사람'의 뜻)를 접미사로 인정한다.

고영근1974=1989:526-527의 논의에서는 '哥, 公, 君, 媽, 氏, 孃, 翁' 등과 같이 주로 인명이나 직위 아래에 붙는 것들을 접사로 간주한다.

서병국1975:84은 "Hockett는 파생접미사를 기능의 면에서 살필 때, 어간의 문법적 기능은 그대로 유지하고 있으면서 거기에 어떠한 뜻만을 더하여 주는 한정적 접사(restrictive affix)와 품사를 바꿈으로써 문법적 기능을 다르게 나타나도록 하는 지배적 접사(governing affix)로 나뉜다."고 하였으며 접미사를 굴절접미사와 파생접미사로 분류하였다. 類別하는 기준은 (1)선행하는 어근 또는 어기에 의미만을 부가하는 것, (2)굴절 어미와 같이 문법적인 기능에 변화를 가져 오는 것으로 가르고 전자를 어휘적 파생 접미사, 후자를 통사적 파생 접미사로 나눈다. 그는1975:100 또 국어 문법서와 기타 사전들에서 파생 접미사로 취급되어 오고 있는 한자 인칭접미사의 목록 즉, '-家, -哥, -工, -公, -狂, -君, -軍, -媽, -輩, -魔, -士, -師, -商, -生, -仙, -囚, -氏, -孃, -員, -人, -者, -丈, -族' 등의 대부분은 한국 한자어화의 속성에 따른 구속형명사로 취급해야 할 것이며 접미사일 수 없다고 주장하고 있다.

김종택1982:204은 "파생접미사는 선행하는 어기 혹은 어근에 새로운 의미를 부가하는 것을 가리킨다. 사전에 의하면 '-君, -家, -士, -師, -工, -者, -員, -人, -輩' 등은 접미사로서의 기능이 인정되어 체언으로서의 기능과는 별도의 항목으로 제시되고 있으나 '-商, -漢, -客, -夫, -手, -生' 등은 그렇지 않다. 그러나 이들도 그 성격으로 보아 당연히 전자의 경우와 같이 인칭접미사로 처리되어야 할 것이다."라고 주장한다.

정민영1993: 83은 한자 접미사의 특성을 바탕으로 한자어 파생 접미사의 기준[01]을 설정하고 이러한 기준에 따라 '-家, -手'만을 한자 인칭접미사로 인정하였다. 그는 한자어 파생 접미사는 2음절 이상으로 된 것이나 자립성을 띤 것이 하나도 없으며, 단축 현상에 의하여 형성된 한자 형태소는 모두가 본래의 의미를 유지하게 되기 때문에 접미사가 될 수 없다고 주장한다.

정원수1994:98-100는 "한자 어근의 접미사화는 국어의 한자체계 전반에서 일어나는 매우 보편적인 현상이며 이로 인한 한자어 파생어 형성 또한 매우 생산적일 것이라고 예측된다."라고 보았고 아울러 '-家, -者, -士, -師, -手' 등을 접미사 범주에 넣고 있다.

노명희2005:97-108는 "논자마다 한자 접미사로 꼽고 있는 대상이 일률적이지 않아 과연 어떤 형태소를 접미사로 볼 수 있을 것인지는 확정할 수 없는 상황이다."라고 문제 제기를 하면서, 나름대로의 기준[02]에 따라 한자 접미사 목록을 설정하고 있다. 즉, '-

---

01　정민영(1993:83)이 제시한 파생접미사 기준은 다음과 같다. (1)한자어 파생 접미사는 새로운 단어를 만들어 내는 단어 형성력이 있어야 한다. (2)한자 본래의 의미를 상실하게 된다. 대개의 파생 접미사는 의미상의 특수화를 거쳐 본래의 의미를 상실한 것들이다. 이를테면, '的中'(적중)의 '的'은 본래의 의미를 띤 한자 형태소이지만 '人間的'의 '的'은 본래의 어휘적 의미를 상실한 파생 접미사이다. (3)생산성이 있어야 한다. 즉 둘 이상의 어기에 결합될 수 있어야 한다. (4)한자어 파생 접미사는 1음절의 의존 형식으로서 단축 어휘가 아니어야 한다.

02　노명희(2005:97)의 한자 접미사 기준은 다음과 같다. (1)어기에 대한 의존성 (2)어기의 범주 변화 (3)의미의 변화 (4)단어의 첫 음절에 출현 불가 (5)단어 이상의 어기에 결합 가능 (6)조사 결합의 제약 (7)생산성 (8)어기의 비자립성 (9)명사수식 기능 (10)결합 순위

者, -家, -孃, -氏, -師, -手, -族, -人, -徒, -儿, -狂, -士' 등이 있다.

신기상2005:152은 자립어 뒤에 붙은 것들은 접미사성 한자어라고 하였는데 그 중 인칭접미사를 가려보면 '-家, -者, -公, -手, -人, -生'과 같은 것들이다.

이익섭·채완2006:92은 국어 파생접미사 중 한자 인칭접미사의 대표적인 예로 '-가'와 '-자'를 들고 있다.

이상 논의를 포함한 한국어 한자 인칭접미사에 대한 전반을 살펴 정리한 것이 다음 〈표1〉과 같다.

〈표 1〉 연구자별 한국 한자 인칭접미사 목록

	인칭접미사	김계곤 1969=1996	최현배 1971=2004	고영근 1974=1989	김종택 1982	정민영 1993	정원수 1994	김용한 1996	노명희 2005	신기상 2005	이익섭·채완 2006
1	-자(者)		O		O		O	O	O	O	O
2	-가(家)	O	O		O	O	O	O	O	O	O
3	-양(孃)			O				O	O		
4	-씨(氏)			O				O	O		
5	-사(師)	O	O		O		O	O	O		
6	-수(手)				O	O	O	O	O	O	
7	-족(族)							O	O		
8	-인(人)		O		O			O	O		
9	-도(徒)				O			O	O		
10	-아(兒)				O			O	O		
11	-광(狂)	O						O	O		
12	-사(士)	O	O		O		O				
13	-원(員)	O	O		O			O			
14	-부(婦)		O		O			O			
15	-부(夫)		O		O			O			
16	-자(子)	O	O		O			O			
17	-공(工)	O	O					O			
18	-배(輩)		O		O			O			
19	-가(哥)	O		O							
20	-공(公)			O	O				O	O	
21	-마(媽)	O		O							

	인칭접미사	김계곤 1969 =1996	최현배 1971 =2004	고영근 1974 =1989	김종택 1982	정민영 1993	정원수 1994	김용한 1996	노명희 2005	신기상 2005	이익섭 채완 2006
22	-옹(翁)			O							
23	-객(客)				O			O			
24	-한(漢)				O			O			
25	-상(商)				O			O			
26	-생(生)				O			O		O	
27	-군(君)			O	O			O			
28	-군(軍)	O						O			
30	-선(仙)							O			
31	-수(囚)	O						O			
32	-장(丈)	O						O			
33	-관(官)							O			
35	-민(民)							O			
36	-범(犯)							O			
38	-주(主)				O			O			
41	-통(通)							O			
42	-모(母)				O			O			
43	-파(婆)							O			
44	-당(黨)				O			O			
45	-백(伯)				O			O			
46	-호(豪)				O			O			

〈표 1〉 내용을 살펴보면 학자마다 한자 접미사에 대한 기준이 일치하지 않고 목록 설정에서도 큰 차이가 난다는 것을 알 수 있다.[03]

셋째, 기존의 연구는 직관에 의한 목록 설정, 기타 의존형태소와의 구별 및 의미 나열의 차원에 머물렀을 뿐 상대적인 생산성 고찰, 의미 변별 자질과 의미등급 탐구 등은 이루어지지 않고 있다. 더욱이 타 언어와의 대조를 통한 한국어 접미사의 특성 탐구

---

03 김용한에서는 무려 104개나 되는 방대한 접미사 한자 어소 목록을 제시한 바 있다.「사람을 가리키는 한자 어소의 의미 연구」, 대구효성카톨릭대학교 박사학위논문, 1996년, 16쪽

는 매우 드문 편이다.

이광호2007는 말뭉치를 활용하여 파생접사의 상대적 생산성과 저지(block)의 본질을 밝히려고 하였는데 이는 파생어 연구에 있어 새로운 방법론을 활용한 대표적 성과라 할 수 있다. 그는 철저한 계량적인 방법으로 파생접사의 생산성과 저지에 대해 분석하였다. 기존의 파생어 생산성 연구에서 오로지 생산성의 유무로만 판단하던 수준에서 한걸음 더 나아갔음을 말해준다. 아울러 이런 참신하고 과학적인 방법론이 본고에 시사하는 바가 아주 크다. 다만 그 연구내용이 명사, 부사, 동사 파생 접미사에 한정되었고 접두사와 접미사를 모두 포괄하여 통계, 해석하였으며 그들의 생산성과 저지 상황을 밝히는 데 초점을 두고 있어서, 두 언어 간의 대조 연구에 관심을 두고 있는 본고와는 연구방법과 태도에 있어서 구별된다.

1.1.2. 중국에서의 연구

중국어 조어법에서는 '複合法'이 줄곧 중요한 지위를 차지하고 '파생법'은 부수적 혹은 보조적인 위상을 갖고 있다. 그러나 沈猛瓔1985, 1986에 의하면 근래 중국어에서 신조어의 급격한 증가와 함께 '詞綴化' 경향이 뚜렷이 나타나면서 파생법에 의한 조어 방식이 점차 중요한 위치를 차지하는 것으로 나타났다.

현대 중국어도 역시 접미사의 설정 기준을 놓고 상당한 논쟁을 벌여왔다. 기준이 다름에 따라 접미사 목록 설정에서 상당히 큰 차이가 감지된다. 몇 가지 간단한 설정 조건에 따른 접미사 목록을 제시한 논의가 있는가 하면 엄격한 기준에 따른 소량의 접미사를 설정한 예도 있다. 따라서 학자에 따라 설정된 접미사 수는 일치하지 않다. 예를 들면 赵元任과 郭良夫에서는 22개, 吕叔湘은 41개, 陈光磊에서는 75개를 들고 있다. 접미사 설정 기준 차이로 인한 이러한 접미사 수의 차이는 불가피하다. 특히 중국어 학계에서는 전형적 접미사와 준접미사와의 구별이 쟁점이 되어왔고 그 논쟁은 계속되고 있는 실정이다. 총체적으로 보았을 때, 다수의 학자들이 현대 중국어의 시대적 흐름을 중시하여 생산적인 어근형태소를 준접미사로 인정하는 쪽으로 공감대를 형성하고 있는 추세이다. 그 대표적 연구들로 吕叔湘[1979], 陈光磊[1994], 郭良夫[1990], 马庆株[1998], 刘叔新[2005] 등이 있다. 그러나 이러한 논의들에서도 완전히 일치된 견해를 보여주지 못하고 있는 바 학자에 따른 접미사 목록의 차이가 이 점을 잘 설명해 주고 있으며, 이것은 접미사 설정 기준에 대한 인식 차이에서 기인한 것으로 보인다.

<表 2> 연구자별 중국어 인칭접미사 목록

저 자	논 저	명 칭	인칭접미사
赵元任	《汉语口语语法》	新兴的词缀	-家(价), -员, -家, -者
吕叔湘	《汉语语法分析问题》	类语缀	-员, -家, -人, -民
陆志韦	《汉语的构词法》	类乎后置成分的东西	-家, -者
朱德熙	《语法讲义》	词缀	-者
丁声树	《现代汉语语法讲话》	后缀	-者, -家
胡裕树	《现代汉语》	后缀	-员, -者, -手, -家
刘月华	《实用现代汉语语法》	类后缀	-员, -长, -士, -家, -师, -生, -工, -匠, -手
张 静	《汉语语法问题》	后缀	-者, -家, -士, -夫
汤志祥	《当代汉语词语的共时状态及其嬗变》	类词缀 准词缀	-人, -者, -员, -家, -士, -师, -生, -夫, -星, -派, -鬼, -棍, -族, -盲, -户, -犯
刘叔新	《汉语描写词汇学》	后缀	-者, -家, -员, -手, -家(jia), -士, -生
郭良夫	《词汇》	新兴的词缀	-家
陈光磊	《汉语构词论》	类词缀, 副词缀, 预备词缀	-夫, -家, -匠, -师, -生, -士, -员, -长, -手, -汉, -翁, -倌, -工, -星, -迷, -族, -佬, -鬼, -棍, -蛋, -虫, -派
马庆株	《现代汉语词缀的性质、范围及分类》	准词缀	-棍, -家, -迷, -师, -户, -派, -师, -犯, -夫, -鬼, -生, -士, -手, -徒, -员, -子
朴爱阳	《现代汉语派生词研究》	后缀	-者, -家, -员, -手, -士, -生, -夫, -汉, -师, -鬼, -棍, -匠, -星, -族, -佬, -人, -工, -迷, -犯, -霸, -户, -盲, -友, -民, -爷
朱亚军	《现代汉语词缀的性质及其分类》	词缀	-鬼, -汉, -分子, -家, -匠, -迷, -派, -师, -士, -手, -员, -者, -子, -族
尹海亮	《汉语类词缀研究》	类后缀	-者, -员, -长, -家, -生, -师, -手, -汉, -夫, -星, -族, -迷, -盲, -鬼, -棍, -徒, -霸, -徒

〈표 2〉에서 중복된 요소를 제외하면 중국어 인칭접미사는 총 34개로 집계된다. 한국어 인칭접미사(고유어와 한자어 합계 약 120여 개)에 비해 그 수가 매우 적은 편이다. 이는 한국어의 교착어적 특징을 나타내는 좋은 보기이기도 하다. 이밖에도 〈표 2〉 인칭접미사는 절대 대부분이 중국어에서 준접미사에 해당된다. 아울러 출현 빈도가 높은 것부터 서열화 하면 '-家, -员, -师, -棍, -迷, -夫, -生, -手, -汉, -星, -族, -鬼, -人, -匠, -士, -长, -工, -佬, -者…'의 순위이다. 한국어와는 달리 중국어에서 '-者'는 전형적 접미사로 보는 견해가 많기에 〈표 2〉에서 상대적으로 낮은 출현빈도를 보인다.

1.2. 인칭접미사 대조연구를 위한 기초

1.2.1. 이론적 기초

일반 언어학적 관점에서 보았을 때 세계상 대부분의 언어들은 이질성과 동질성을 동시에 갖고 있다. 한국어와 중국어는 각각 교착어와 고립어로 서로 다른 언어유형에 속하지만 접미사와 같은 언어구성요소를 공유한다는 점에서 그러하다. 이를 다른 말로 바꾸면 세계에 존재하는 언어를 유형별로 나누었을 때 순수한 교착어나 굴절어는 없다고 할 수 있다. 예를 들어 중국어는 비록 고립어에 속하지만 后缀와 같은 교착어적 성격을 띤 언어형태가 존재하다는 점이다.

홍사만1998:202에서는 "국어의 구조적 특징은 접사적 성격과 표지적 성격이 현저하다는 것으로 집약된다. 접사적 성격의 농후성은 첨가어가 가진 공통적 특징이다."라고 피력하고 있다. 한국어에서 이러한 접사적 성격은 어미, 조사, 접사 등 표지로 나타난다. 그 중 접미사는 한국어의 접사적 특징을 가장 잘 드러내는 문법 범주의 한 요소로 지목되며 중국어의 后缀(접미사)에 대응되는 언어적 요소이다.

이와 같은 관점에서 이 책은 한·중 두 언어에서 모두 쟁점이 되고 있는 접미사를 연구 주제로 선정하고 두 언어 사이의 차이점과 공통점들을 더 잘 구명하기 위하여 대조언어학04적인 연구방법을 활용하였다. 이와 관련하여 김건환1994:4은 "모국어와 외국어의 대비분석과 그 결과는 일차적으로 효과적인 외국어 교육을 위한 중요한 길잡이가 될 수 있는 것이며 또한 모국어를 사용하는 우리의 문화와 우리의 인식 구조를 외국 사람들의 그것과 대조 비교할 수 있는 계기를 주는 것"이라고 그 의의를 밝힌 바 있다. 따라서 본 연구가효과적인 한·중 제2언어 학습자들의 효율적인 어휘 교육을 위해 이론적 근거를 제공하고 나아가서 사전과 교과서 편찬 및 언어습득의 실천적인 면에도 일조할 것으로 생각된다.

---

04 "대조언어학이란 두 개 혹은 두 개 이상의 언어에 대해 음성·음운·어휘·문법 등의 언어 체계, 나아가서는 그것을 사용하는 행동인 언어 행동의 다양한 측면을 대조하여 어느 부분과 어느 부분이 서로 대응되는지, 혹은 대응되지 않는지를 밝히는 언어 연구의 한 분야라고 정의할 수 있다. 유형론이 언어 간에 존재하는 보편적인 것을 추구하는 데 비해, 대조언어학은 하나하나의 사실을 쌓아올려서 각각의 언어 전체를 바라보려고 한다는 점에서 구체적이며 언어 이론을 응용하는 입장에 서 있다고 할 수 있다." 石绵敏雄·高田诚,『대조언어학』, 제이앤씨, 2007년, 13-15쪽

1.2.2. 방법론적 기초

이 책은 한국어 한자 인칭접미사와 그에 대응되는 중국어 인칭접미사와의 대조언어학적인 연구를 통하여 이들의 형태·의미론적 동질성과 이질성을 밝히는 것을 목적으로 한다. 사용빈도와 어휘습득에서의 문제점 및 대조비교의 가능성 등의 요인을 고려하여 한·중 양 언어에서 각각 14개의 동일 한자 인칭접미사를 선정하여 동일한 시각과 맥락에서의 상호 대비를 통하여 연구 목적에 도달하고자 한다. 그리고 객관적 자료(말뭉치에 기초)를 바탕으로 한 사전적 해석과 용례 분류를 통한 한·중 한자 인칭접미사의 대조 분석을 진행하고자 한다.

의미자질의 도출과 분석을 통해서 동일 의미장을 형성하는 한자 인칭접미사의 본질에 접근한다는 점에서 이 책은 지금까지의 연구와는 차별성을 지닌다. 이 책은 공시적 기술과 해석 및 적절한 통시적 고찰을 병행하는 연구방법과 문법화 이론, 구조주의 언어학 이론과 인지의미론의 틀 안에서 연구를 진행한다. 이 밖에도 대치 검증과 통사적 제약 검증 등의 보조적 연구 방법을 활용한다.

이제까지 접미사 연구는 직관적 접근이 많았고, 설령 자료 위주 접근이라 하더라도 목록 중심의 제한적인 관찰의 경우가 많았다. 이를 좀 더 자세히 살펴보면 우선 방법론적인 면에서 기존의 연구는 연구자의 직관에 의한 고찰이 많았고 객관적 언어분석자료인 말뭉치의 활용이 적극적으로 이루어지지 않았다. 또한 한국어 파생어 계통에서 고유어 접미사 연구가 한자어에 비해 훨씬 큰 비중을 차지해 왔으며 한자 인칭접미사에 관한 연구는 그 시간이 짧고 방법이나 성과 면에서 아쉬움이 많이 남는다. 최근 들어 말뭉치를 이용한 연구 성과들이 속속 나오고 있지만 역시 시작단계에 불과하다. 특히 중국어와 한국어의 대조 연구 성과의 부진은 한자 인칭접미사의 참 모습을 파악하는 데 한계를 가질 수밖에 없다. 접미사는 한국과 중국 학계에서 가장 쟁의 있는 연구 대상으로 지목되지만 학계에서 공인하는 정설과 목록은 아직까지 확립되지 않은 실정이다. 기존의 한자 인칭접미사 연구는 접미사 전반적 목록을 제시하거나 혹은 개별 접미사들의 의미를 서술하는 데 그치고 있고 소수의 논문에서만 동일 의미 장에 속하는 개별 접미사들 간의 의미 변별을 시도한 흔적을 찾아볼 수 있다. 이러한 연구 실정으로 말미암아 한·중 접미사 대조 연구의 진척은 상대적으로 더디었으며 본격적인 연구는 21세기를 기점으로 시작되었다 해도 과언이 아니다.

이 책에서는 계량적 방법(말뭉치 기반)과 직관적 방법(사전적 해석과 용례 검증을 거친 직관)을 결합시키고 대조분석의 방법에 기반을 두고 의미 본질에 접근한다는 점에서 지금까지의 연구와는 차별성을 지닌다. 이러한 방법론은 기존의 파생어 연구에서 소홀히 다루어 왔던 접미사 간 교차적 의미 기능의 상대성을 명시적으로 밝히는 데 도움이 될 뿐만 아니라, 철저한 객관적 자료 분석을 기반으로 한 언어 직관적 해석방법의 활용으로 효율적인 의미변별 기능을 밝히는 데 그 의의가 있다.

이 책에서는 형태론과 의미론적인 두 측면을 모두 포함하고 있으나 연구의 중점은 의미에 대한 고찰에 놓인다. 형태론적인 고찰은 인칭접미사의 참 모습을 파악하는 데 도움이 될 것이며, 필요에 따라 의미를 기술하는 데 적용된다.

이 책은 공시적 연구에 바탕을 두고 적절한 통시적 고찰, 기술과 해석을 결부하는 방법으로 파생어의 의미론적 특징을 파악하고자 한다. 그리고 문법화 이론, 구조주의 언어학이론 및 인지의미론의 일부 연구방법으로 대상 접미사 파생어들의 의미 기능과 그 변별적 자질을 밝힌다.

1.3. 인칭접미사 기준 설정 및 그 대상

이 책의 논의 대상이 되는 접미사는 한·중 학계에서 '준접미사'로 정의되는 형태소들이 대부분이다. '준접미사'에 관한 중국학계의 논의에서 呂叔湘1979:48의 관점이 주목을 끈다. 그는 "적지 않은 형태소들은 대체적으로 접두사와 접미사로 간주할 수 있지만 완벽한 접사로 인식할 수 없다. 완전한 접사와 일정한 거리가 있다는 것은 그것들이 얼마간의 어휘적 의미를 가지고 있기 때문이다. 어떤 경우에는 어근의 모습으로 나타나기도 한다. 따라서 이러한 형태소 앞에 '類'자를 붙이는 것이 마땅하다."라고 지적했다. 이에 관해 马庆株1998:163는 "형태소 어휘의미의 존재 여부로 접사를 판정하는 기준은 무리가 따른다."라고 밝힌 바 있다.

이 책에서는 중국 학계의 보편적 관점을 대변하는 周荐2008 : 170-171의 '준접미사'에 대한 관점을 아래와 같이 소개하도록 한다.

첫째, 준접미사는 접미사[05]의 특징을 얼마간 갖고 있지
　　　만 온전히 접미사와 같은 하나의 단위가 되지 못
　　　한다.
둘째, 준접미사는 수량상 접미사에 비해 많다.
셋째, 준접미사의 어휘적 의미는 접미사에 비해 강하다.
넷째, 준접미사는 고정된 위치에서 특정의 범주화된 의
　　　미(范畴义)를 나타낸다.
다섯째, 준접미사는 전형적 접미사에 비해 더욱 생산적
　　　이다.

　이에 반해 한국어에서 '준접미사'에 대한 논의는 중국어에 비
해 덜 활약적이고 그 대상도 대체적으로 한자 인칭접미사에 한
한다.
　언어의 가장 작은 구성 단위인 형태소는 형식형태소와 실질
형태소로 구분되는데 접미사는 형식형태소에 해당된다. 张斌
2008:14은 "实语素(실질형태소)는 의미가 구체적으로 실재하며
사물이나 행위 및 현상을 가리키고, 虚语素(형식형태소)는 추상
적 의미를 가지고 있어 기타 언어단위와 결합하여야만 그 뜻이
나타난다. 아울러 형식형태소의 대부분은 실질형태소로부터 점
차 변화되어 온 것이다."라고 하였다. 그는 '員'과 같은 한자는 고

05　'준접미사'의 상대어로 나타나는 '접미사'는 '전형적 접미사'를 가리킨다. 본고
에서 언급한 '접미사'는 특별한 설명 없는 한 '준접미사'를 포함한 광의적인 용어로
사용된다.

대 중국어에서 명사 겸 분류사(量詞)였으나 현대 중국어에서는 접미사로 쓰이는데 이것은 '-員'이 갖고 있는 특징에서 비롯된 것이다. 즉, 다른 형태소 뒤에 붙어서 새 단어를 만들며 일정한 어휘류(명사)에 귀속되며 생산성이 아주 높다. 이러한 점은 현대 중국어 접미사의 특징에 부합되는 것이라고 지적하였다.

따라서 '준접미사'에 대한 정의로부터 볼 때, 접사의 기타 특징을 겸비한 어근 형태소가 단지 실질적 어휘의미가 완전히 탈락되지 않고 다소 남아 있다는 점 때문에 접사 연구의 범위에서 배제하는 것은 바람직한 처리가 아니라고 생각한다.

이상으로 접미사 기준 설정에 관한 한국과 중국에서의 논의를 바탕으로 이 책에서는 한자 접미사(준접미사 포함) 기준을 다음과 같이 설정하기로 한다.

① 고정된 위치에서 범주화된 의미를 나타낸다.[06]

② 파생력이 있다.

③ 품사 제시성이 있다.

④ 어휘적 의미가 잔존하고 있다.[07]

⑤ 의존적이다.

---

06 马庆株(1998)는 "준접미사의 의미는 결코 본의나 기본의가 아니며 사전 의미항 서열에 있어서도 뒤쪽에 위치하고 있다."라고 해석하였다. 『漢語語義語法範疇問題』, 北京語言文化大學出版社, 1998年, 178쪽

07 소쉬르(1996)는 "접미사는 간혹 구체적 의미 즉, 의미가치를 가지며 어떤 경우에는 순수한 문법적 기능만 한다."라고 지적하였다. 『普通語言學教程』, 商務印書館, 1996年, 262쪽

⑥ 접미 파생어는 3음절(이상)을 원칙으로 한다.[08]

⑦ 한국어의 인칭접미사를 기준으로 대조비교의 대상을 설정한다.

본고에서 가리키는 접미사는 중국어 준접미사의 개념을 포함한 것으로 '전형적 접미사'보다 더욱 포괄적이다. 아울러 본고의 접미사는 중국어 전형적 접미사와 준접미사를 포함한 광의적인 개념을 가리킨다. 이러한 광의적 기준 설정은 연구 대상의 폭이 클수록 양 언어의 동질성과 이질성을 도출해 내는 데 유리할 것이라는 고려 때문이었다. 그리고 본고가 한·중 대조연구임을 감안하여 대조의 기준을 한국어에 두고 연구 대상을 설정하였다.

이와 같은 기준으로 선정한 한국어 접미사는《표준국어대사전》에서는 모두 '접미사'항으로 수록되어 있는 것들이다. 따라서 양 언어에서 높은 인지도와 사용률을 보이는 접미사(준접미사)들을 선별한 결과 그 연구대상은 아래와 같은 총 14개로 한정된다.

가(家), -공(工), -광(狂), -도(徒), -민(民), -배(輩), -사(師),
-사(士), -생(生), -수(手), -원(員), -인(人), -자(者), -족(族).

이상 접미사들은 한국어 목록에서의 출현 빈도가 높을 뿐만 아

---

08 문법화 정도가 낮은 중국어 '-民', '-士', '-輩', '-徒' 등에서 예외적인 경우를 볼 수 있다. 즉 3음절 파생어가 거의 없고 2음절 파생어와 구형식의 4음절 결합형식만 나타나는데 사전에서 명확히 접미사로 표기한 2음절 어휘 표제항도 연구대상에 포함시켰다.

니라 활발한 생산성이 확인된다.[09]

　언어 실천적 측면에서 한·중 동형접미사는 형태적·의미적으로 동질성과 이질성을 갖고 있기 때문에 상호 교차되는 부분에서 학습자들이 언어습득에 있어서 혼란을 가져올 소지가 있다. 그 일례로 2007년 북경어언대학 중국어학원 3학년 52명 한국 유학생들을 대상으로 한 설문조사 결과[10], 오답률이 가장 높은 접미사는 한국어에서 출현 빈도가 높은 '-人, -者, -家, -師' 등임이 밝혀졌다. 이에 관해 김정은2003:92-96은 "실제 한국어 언어교육 현장에서 초급 단계의 학습자에게는 문법 구조를 통해서 목표 언어의 의사소통 능력을 신장시킬 수 있으나 중급 단계 이상으로 갈수록 학습자의 언어의 의사 소통능력 신장의 주요소는 어휘임을 알 수 있다. 한국어 교재의 어휘 수 중 파생어가 상당수를 차지하는 바, 파생어 형성 원리 교육을 통한 파생어 교육의 필요성이 요구된다."라고 지적한 바 있다. 이와 같은 원리는 중국어 제2언어 습득

09　박형익(2003)에 의하면 7개 사전에서 모두 한자 인칭접미사로 처리한 표제항으로는 '-가(家)', '-공(工)', '-광(狂)', '-배(輩)', '-사(士)', '-사(師)', '-원(員)', '-인(人)', '-자(者)', '-족(族)', '-상(商)', '-수(囚)', '-민(民)', '-장(長)' 등 14개이고 6개 사전에서 표제항이 인칭접미사로 올라있는 것은 '-도(徒)', '-범(犯)', '-수(手)'이고 '-객(客)', '-주(主)'는 5개 사전에서, '-生'은 3개 사전에서 모두 인칭접미사로 선정하고 있다. 「국어사전에서의 한자 접미사와 혼종어 접미사」, 『한국어학』21, 한국어학회, 2003년, 172쪽.

　강두철(1989)은 《국어대사전》(이숭녕 등)의 26개 인칭접미사 빈도수에 따라 그 서열을 정하였는데 앞 20위를 차지한 것은 각각 '-자(者)', '-인(人)', '-가(家)', '-원(員)', '-사(士)', '-객(客)', '-사(師)', '-공(工)', '-수(手)', '-상(商)', '-부(夫)', '-생(生)', '-주(主)', '-민(民)', '-배(輩)', '-도(徒)', '-재(才)', '-장(匠)', '-장(長)', '-한(漢)' 등이었다. 「접미사에 대한 연구- 사람을 뜻하는 한자 접미사를 중심으로」, 『국문학보』9, 31쪽.

10　설문조사 내용은 의미가 비슷한 인칭접미사 중 알맞은 것을 선택하는 것이었다.

자들에게도 그대로 적용된다.

따라서 한·중 인칭접미사 대조 연구를 통한 본고의 논의는 제2언어 한국어와 중국어 습득 및 사전 편찬 등 응용언어학적인 측면에서 유익한 정보를 제공할 것으로 기대한다.

1.4. 기타

1.4.1. 용례 수집

1) 사전적 해석 (왼쪽은 全稱, 오른쪽은 略稱으로 이하 같음)

한국어 부분 :

　　《표준국어대사전》(1999) −《표준》

　　《우리말큰사전》(1991) −《우리말》

　　《국어대사전》(1995) −《국어》

중국어 부분 :

　　《说文解字今释》(上, 下) (1963=2001) −《说文》

　　《辞源》(1979=1984) −《辞源》

　　《汉语大词典》 (1989) −《汉语》

　　《现代汉语词典》 (1978=2006) −《现汉》

2) 용례 수집

말뭉치와 기타 인터넷 검색을 통하여 인칭접미사들의 용례를 수집하였는데 구체적인 출처는 다음과 같다.

<표 3> 전자 자료를 통한 용례 출처

	한국어	중국어
말뭉치	1. 21세기세종계획말뭉치(2007년). 127,645어절, 현대한국어 문어 원시 말뭉치(책, 신문, 잡지, 전자출판물, 기타) 2. KAIST언어자원은행 말뭉치(2000년) 정련된 형태소 분석 코퍼스 100만어절	北京大學現代汉语语料库 (2003년) (http://ccl.pku.edu.cn) 1억2천여어절 현대중국어문어(신문, 응용문, 문학작품, 전자출판물, 기타)
기타 전자 자료검색	《표준국어대사전》(오픈용) http://www.korean.go.kr	1. 百度·百科[11] (www.baike.baidu.com-搜索词条) 2006-2009년 현대문어 어휘 2. 《现代汉语双序词典汇编》 (2003年. 网络版)

1.4.2. 부호 설명

{ } : 범주화된 의미

[ ] : 의미자질

→ : 범주화된 의미로부터 도출 혹은 의미의 변화

x : 어기[12]

⇒ : 사전 의미에서 도출

---

11 百度 · 百科(www.baike.baidu.com- 搜索词条)는 중국에서 가장 큰 검색 사이트인데 최대 어휘 검색 檢索庫이기도 하다.

12 본고에서 언급하는 어기의 개념은 이익섭 · 채완(2006:62)에 의한 어간과 어근의 합이며 어기는 단어의 중심부를 담당한다. "어간이나 어근이 모두 의존형태소인

≒ : 앞 성분과 뒷 성분의 자질을 동시에 가짐

! : 의미관계가 어색하거나 성립되지 않음

? : 재고의 여지가 있음.

데 그 차이는 굴절접사, 즉 어미와 직접 결합할 수 있느냐 없느냐에 있다. 어미가 바로 결합할 수 있는 것은 어간이며, 그렇지 못한 어기는 어근인 것이다. 국어의 어근은 한자어에 집중 분포되었다. 한 · 중 양 언어에 대한 대조의 편의를 위하여 이 책은 접미사에 상대되는 개념으로 어기를 선택하였다. 간혹 한자어에 관한 설명에서는 어근이라는 술어를 사용한다.

제 2 장

기능에 따른 인칭접미사의 하위분류

———

본 장에서는 한·중 한자 인칭접미사에 대한 하위분류를 기능에 따라 크게 세 부분으로 나누어 살펴보도록 한다.

한자 인칭접미사는 [−사람] 어기와 결합하여 보다 세분화된 의미로 나눌 수 있는데 본 연구에서는 '개체와 집단', '실질적 의미와 상황적 의미', '동심구조와 이심구조'세 유형으로 분류하였다. 본고가 한자 인칭접미사 의미 기능에 중심을 둔 연구임에도 불구하고 이와 같은 분류 방식을 택하게 된 이유는 다음과 같다. 지금까지 접미사 연구는 한자어나 고유어 한쪽에만 국한된 것이 거의 대부분이다. 특히 한자어와 고유어를 한 지면에서 분류 시도한 논문은 전무하며 더욱이 동일 기준으로 조망한 첫 시도로 되는 것인데 이러한 접근은 일정한 자료적 가치가 있다고 본다. 본 장에서는 이제껏 산발적이고 지엽적으로 진행되어 왔던 접미사들을 일정한 기준에 따라 분류, 정리하여 후속 연구에 가치 있는 정보를 제공할 수 있기를 기대한다.

분류의 대상이 되는 인칭접미사는 광의적인 시각에서 접근한 접미사(준접미사) 전반을 포괄한다. 따라서 접미사와 비접미사 사이의 동요단계에 있는 것들은 본고의 기준으로 선택여부를 결정하였다. 한·중 접미사에 대한 공시적 분류가 없는 실정에서 개별 접미사에 대한 정밀한 기술보다는 인칭접미사의 분류 체계를 세우는 것을 우선적 목표로 삼고 대표적 용례와 함께 해당 접미사(한자어와 고유어 모두 포함)들을 직접 표에 반영하는 방식으로 분류 작업을 진행하였다.

2.1. 개체류와 집단류

인칭접미사에는 '개체'의 사람을 나타내는 것과 '집단, 무리'를 나타내는 것이 있는데 해당 접미사가 가지는 사전적 의미에 따라 '개체'와 '집단'으로 양분된다.[01]

---

01   한국과 중국 학계에서 인칭접미사로 언급했던 것들을 정리하였는데 두 언어에서 동형 한자어가 1:1로 대응하지 않기 때문에 수적으로 차이가 생긴다. 한국에서는 인칭접미사인 것이 중국어에서는 아닐 수 있고 그 반대로 중국어에서 인칭접미사로 간주되는 것이 한국어에서는 한자 어근으로 간주되기 때문이다. 개별적인 중국어 인칭접미사는 어기와의 결합에 있어서 다음절은 기피하고 단음절만 선호하는 경향이 강함을 알 수 있었는데 이것은 해당 접미사의 어휘화 정도가 다른 것에 비해 높은 것으로 해석된다. 해당 인칭접미사를 선별함에 있어서 아래와 같은 기준을 적용하였다. 첫째, 본고에서 설정한 접미사 기준 둘째, 적어도 두 명(이상)의 학자들이 접미사로 간주해야 하고 최소 2개의 파생어를 만들어내야 하며 《표준국어대사전》에 접미사로 수록된 것을 우선으로 한다. 중국어는 사전에서의 인정여부와 상관없이 준접미사적으로 쓰인 것들을 모두 수용하였다.

	한국어	중국어
개체	-가(법률가), -자(가입자), -사(조산사), -사(분장사), -인(기술인), -수(소방수), -공(기능공), -광(독서광), -원(사무원), -아(미숙아), -주(세대주), -통(소식통), -부(임산부), -부(미혼부), -장(노인장), -객(강호객), -한(무뢰한), -왕(발명왕), -상(도매상), -생(실습생), -꾼(도박꾼), -마(살인마), -囚(미결수), -범(가담범), -장(공장장), -자(불효자), -官(수사관), -도(문학도), -배(부랑배), -민(유랑민), -족(엄지족)	-户(暴发户), -家(空谈家), -手(坦克手), -虫(可怜虫), -员(导买员), -犯(盗窃犯), -鬼(短命鬼), -士(辩护士), -师(裁剪师), -生(实习生), -迷(电脑迷), -工(农民工), -人(电影人), -夫(未婚夫), -狂(游戏狂), -者(观察者), -长(参谋长), -佬(船家佬), -子(私生子), -蛋(糊涂蛋), -匠(木匠), -盲(法盲), -徒(赌徒), -棍(恶棍), -民(灾民), -汉(懒汉)
집단	-도(문학도), -족(제비족), -배(부랑배), -민(철거민)	-派(保皇派), -族(打工族), -辈(流辈)

한국 한자어 인칭접미와 중국어 인칭접미사는 수량 상 별 차이가 없다(총 31개). 학자에 따라 서로 다른 접미사 목록을 제시할 수 있겠지만 본고의 선별 기준에 의하여 〈표 4〉와 같이 정리하였다.

다음으로 한국 고유어 인칭접미사에 대한 분류는 고영근1974, 하치근1986, 김계곤1996 등의 논의를 기반으로 하였고 선별 기준은 다음과 같다.

(1) 한자어가 아니어야 한다.

(2) 굴절접미사 성격의 의존형태소는 배제한다.

(3) 이름 뒤에 붙는 것은 제외한다.

이것을 표로 제시하면 〈표 5〉와 같다.

〈표 5〉 한국 고유어 인칭접미사의 '개체-집단'의미 분류상

개체	욕-감태기, 마르-깽이, 청맹-과니, 말-괄량이, 조방-구니, 걱정-꾸러기, 농사-군, 뜨-내기, 서울-나기/내기, 누-님, 좀-팽이, 놈-팽이, 딸-따니, 작-다리, 소박-데기, 꼬마-동이, 시골-뜨기, 심술-패기, 영감-마님, 코-맹녕이, 외-맹이, 주착-바가지, 벗-바리, 악착-배기, 가난-뱅이, 목수-벗장이, 꾀-보, 숫-보기, 좀-생이, 애- 숭이/송이, 구두-쇠, 끄-나불, 구실-아치, 안-악, 꼬-맹이, 없-숭이, 꾀-자기, 고집-장이, 업-저지, 등대-지기, 잔-챙이, 남녀-추니, 떡-충이, 미련-퉁이, 갓난이-네
집단	저희-끼리, 사람-들

한국어 고유어 '개체'를 나타내는 인칭접미사는 <표 5>에서 보는 바와 같이 45개로 가장 많고 '집단'의 의미에서 가장 적은 분포를 보인다.

따라서 한국어와 중국어 인칭접미사 전반을 놓고 볼 때, '개체' 의미를 나타내는 것이 대부분이고 '집단'의미를 나타내는 것은 극소수에 불과하다.

2.2. 실질적 의미류와 상황적 의미류

이철우1993:318는 "한자어로 된 인칭접미사는 주로 직업이나 분야, 상태 등을 나타내는 체언과 통합되어서 인칭을 표시하는 데 그치지 않고 존경과 경멸, 선악의 감정까지 나타내고 있다."라고 하였는데 이것은 한자 인칭접미사가 실질적인 [+사람] 의미 외에 형식적인 의미기능도 가지고 있음을 제시한다. [+사람]의 의미자질은 또한 어기에 따라서 '직업', '상태', '신분', '전문', '자격' 등으로 세분하여 고찰할 수 있다. 홍사만1998:210은 형식적 의미는 비언어적 가의기능으로 파악되고 실질적 의미는 언어적 가의기능으로 규정된다고 하였다. 상기한 내용을 보다 명료하게 기술한다면 전자는 상황적·형식적 의미의 가의성, 후자는 어휘적·실질적 의미의 가의성이라고 지적하고 있다. 예를 들면 '송-아지'와 '코-빼기'에서 '-아지'는 '소'에 대하여 '새끼'라는 의미를 직접적으로 가의하지만 '-빼기'는 '코'에 대하여 어떠한 어휘적, 실질적 가의를 하지 못하고 '비속'이라는 상황적 의미만 간접적으로 가의하는 것이다.[02] 이에 따라서 인칭접미사를 실질적 의미류와 상황적 의미류로 나누어 살펴보도록 하겠다.

---

02 실질적 의미와 상황적 의미에 대한 논의는 홍사만(1998:205-210)을 참조.

2.2.1. 실질적 의미류

　홍사만1998:205은 "접미사의 어휘론적 기능은 '파생'과 '가의'두 가지로 압축된다. 파생접미사는 실질적 의미를 가의하는데 모든 접미사가 어기에 대해 실질적이고 구체적인 의미를 더해 주는 것은 아니며 의미 기능이란 일부 접미사류가 어기에 어휘적·실질적 의미를 제공하는 것을 말하는 데 이것은 마치 실질형태소와 유사한 자립성과 구체성을 띠는 경향을 가진다."라고 피력하면서 몇몇 고유어 인칭접미사들을 그 예로 들고 있다.

　　- 꾸러기 :
　　　'매우 ~스러운 사람'
　　　　- 예: 심술-꾸러기, 욕심-꾸러기, 변덕-꾸러기
　　　'~이 매우 많은(심한) 사람'
　　　　- 예: 방정-꾸러기, 걱정-꾸러기, 빚-꾸러기
　　- 꾼 :
　　　'~하러 모이는 사람'
　　　　예: 구경-꾼, 장-꾼
　　　'~을 전문적 · 습관적으로 하는 사람'
　　　　예: 정탐-꾼, 탐지-꾼
　　-나기 :
　　　'~출신의 사람'
　　　　예: 서울-나기, 시골-나기

이밖에도 '-내기, -군'등과 같은 접미사들이 있다. 이상에서 알 수 있듯이 인칭접미사들은 단순히 '사람'의 의미만 나타내는 것이 아니라 구체적 특징/부류의 사람을 가리킨다. 이때, 구체적 특징과 속성은 어휘적 요소가 다분하므로 본고에서는 이런 특징을 가리켜 실질적 의미로 정의한다.

한자 접미사는 문법화 정도가 낮은 형태소들로서 일부 접미사에는 아직도 그 원의(原义)가 남아 있다. 이들의 접사화는 사회적 발전과 언어적 수요에 따라 생산된 것인데 그 문법화 정도가 낮으므로 원의와의 관련성이 높을 수밖에 없다. 인칭접미사의 문법화 정도가 낮다는 것은 원의가 '-사람'을 가리키고 접미사적 의미도 '사람'의 뜻을 가지는 것을 말하는데 다만 전자는 구체적인 사람을 가리키고 후자는 '추상적인 어떠한 사람'혹은 '어떤 부류나 무리'의 뜻을 나타낸다. 공시적인 시각에서 어휘의 실질적 의미가 가장 선명한 몇몇 인칭접미사들을 예로 들면 다음과 같다.

- 인(人) :
《표준》에 의하면 '-인'은 일부 명사 뒤에 붙어 '사람'의 뜻을 더하는 접미사이다. 이때 '사람'은 언어를 사용하고 직립 보행하는 독립적인 생물체의 뜻을 보유하고 있으면서 고정적 위치에서 어기와 결합하여 "어기 행동을 하거나 그런 특징이 있는 어떠한 사람"을 가리킨다. 김종택1982은 "어떤 명사 뒤에 붙어서 그러한 일에 종사하는 사람을 일컫는 말"로 풀이하고 있다. 그러나 "범-인, 방조-인, 가-인 등 사례는 그것이 직업을 표시하는 것이 아니라 단순한 행위자나 상태자를 나타내는 것으로 보인다"고 하였다.

《现汉》에서 접미사 용법으로 쓰인 '-人' 역시 '인간'이라는 원의를 가지고 있으나 좀 더 범주화(範疇化)된 의미의 '사람'을 나타낸다.

- 공(工) :

《표준》에서는 "'-공'은 기술직 노동자의 뜻을 더하는 접미사"라고 하였다. 김종택1982은 명사 아래 붙어서 그 일에 종사하는 사람을 표시하며 그것은 특히 숙련을 요하는 분야일 것을 전제로 하며 평범한 노동이 아님을 뜻한다고 하였다. 아울러 '-공'은 '工人'의 준말로 보며 그 예로 '숙련-공, 기능-공, 배관-공' 등을 제시하고 있다.

《现汉》에서 '-工'은 '근로자'의 의미이다. 역시 '사람'의 하위 분류로 간주되는데 어휘적 의미가 비교적 선명하다.

- 민(民) :

《표준》에서 "'-민'은 사람, 백성, 민족의 뜻을 더하는 접미사"로 되어 있다. 현대 한국어 '-민'파생어에서 '백성'의 의미가 인지되지만 전체적으로 보았을 때 범주화된 '-사람'을 나타낸다는 점에서는 접사적 기능을 하는 것으로 파악된다.

《现汉》에서의 제1 의미항은 '인민'이다. 집단을 이룬 '사람'으로 파악 할 수 있는데 인칭접미사로 쓰인 의미항은 두 번째 항에 배정되어 있다(예: 牧民, 僑民). 이때에도 역시 '사람'의 실질적 의미가 강하다.

이상과 같이 현대 한국어와 중국어의 접미사들은 'X직업의 사람', 'X분야 기술인', '집단성을 띤 사람'등의 실질적 의미를 나타내는 것이 대부분이다. 이것은 4.1.의 후술할 내용과도 연관성을 갖는데 'X + 접미사'구조에서 접미사는 어휘적 의미보다는 범주화된 추상적 의미를 나타내는 것이 일반적이다. 그러나 이러한 추상적 의미는 독립적인 단어가 가지는 어휘 의미와는 상대되는 개념으로서 조사나 어미 의미보다는 좀 더 구체적이고 실질적인 측면이 있다. 순수한 '인간'으로 출발한 한자 인칭접미사 파생어는 '어떠한 전문/특징/신분/직업/자격의 사람'이라는 범주화된 의미 변화가 감지된다. 이러한 측면으로부터 인칭접미사는 어휘에 대등하는 실질적 의미를 가진다고 보는 것이다. 그러나 접미사의 실질적 의미는 의미 지칭 범위가 넓어지거나 보다 추상화된 사람을 가리킨다는 점에서 독립적인 어휘 자격을 가진 원의와 차이를 보인다. 이를 바탕으로 고유어와 한자어 전반 인칭접미사의 실질적 의미를 [+성향], [+직업], [+신분]으로 분류·고찰하고자 한다.

〈표 6〉 한·중 인칭접미사의 실질적 의미 분포 양상

언어유형	실질적 의미	[+성향]	[+직업]	[+신분]
한국어	한자어	-아(兒), -한(漢), -군(軍), -마(魔), -장(長), -대(代). -통(通), -진(陳), -가(家), -광(狂), -민(民), -생(生), -인(人), -자(者), -족(族), -배(輩), -도(徒)	-가(家), -공(工), -사(師), -사(士), -자(者), -수(手), -원(員), -생(生), -인(人), -상(商), -관(官)	-주(主), -부(夫), -장(丈), -객(客), -수(囚), -범(犯), -자(子), -왕(王), -책(責), -사(士), -공(工), -민(民), -사(師), -수(手), -인(人), -생(生), -가(家), -자(者), -옹(翁)
	고유어	-꾸러기, -꾼, -벗장이, -보, -괄량이, -이, -바가지, -군, -배기, -뱅이, -패기, -숭이, -생이, -챙이, -충이, -과니, -동이, -내기, -데기, -둥이, -쟁이, -퉁이, -동이, -다리, -자기 -네	-아치, -지기, -장이/쟁이, -꾼	-나기, -뜨기, -님
중국어		-家, -虫, -户, -迷, -鬼, -汉, -棍, -佬, -蛋, -盲, -辈, -狂, -徒, -派, -手, -族, -人, -士, -者, -员, -生, -民, -分子	-工, -师, -士, -手, -员, -者, -匠, -人	-人, -徒, -民, -长, -生, -辈, -犯, -夫, -子, -家, -工, -师, -员, -手

한국어의 실질적 의미의 인칭접미사는 한자어가 고유어보다 훨씬 많다. 이러한 현상은 한자 인칭접미사가 가지고 있는 어휘적 의미가 고유어에 비해 더 많이 남아 있으며 고유어 인칭접미사의 문법화 과정이 한자 인칭접미사에 비해 훨씬 이른 시기에 시작되었다고 해석할 수 있다. 강은국1995:84, 243은 "높임을 나타내는 '-님, -네'는 15세기 우리말 명사 조어에서 상당히 활발히 쓰인 접미사였고 '-아리/어리'도 역시 이 시기에 나타났다. '-바치'는 16세기 문헌에서부터 일부 명사에 붙어 그 일에 종사하는 사람을 뜻을 하였고 17세기에 와서는 그 음이 '-바치>-와치>-아치'로 변화되었으며 이 시기에 처음으로 어떤 직업에 종사하는 사람이나 어떤 형상을 갖춘 사람 등을 낮잡아 이르는 뜻의 '-장이/쟁이'가 출현하였다."라고 하였다. '-꾸러기', '-꾼/군'과 같은 형태는 18세기 문헌에서 처음 발견되었고[03] 현대 한자어는 개화기를 시작으로 본격적으로 한국에 유입되어 광범위하게 사용되었는데 그 연대는 대략 19세기로 추정된다.

2.2.2. 상황적 의미류

홍사만1998:208-209의 연구에서는 어떤 명사류 파생접미사 중에는 어기에 상황적·추상적 의미만을 가의하는 부류들도 있다고 지적한 바 있는데 이때 가의성은 주로 대상에 대한 '비속'이나

---

03 21세기 세종계획 말뭉치 홈페이지 〈한민족 언어정보화〉 참조.

'존대'의미가 중심이 된다고 하였다. 어기에 상황적 의미를 가의하는 접미사들은 어기에 비해 어휘적 비중이 매우 낮은 편이다. 특히 고유어 파생어는 어기와 접미사의 의미 내부 구조를 분리하기 힘들고 하나의 융합된 양태를 보여 준다. (예: 송-아지, 코-빼기) 상황적 의미는 화용론적 장면에서 화자와 청자 사이의 입장이나 화자의 발화 의도에 크게 의존하는 부류를 지칭한다.

상황적 가의는 [+존대]와 [+비하]로 표현된다. 한국어 고유어 인칭접미사와 한자 인칭접미사 일부에서 상황적 가의 기능이 감지되는데 〈표 7〉과 같다.

〈표 7〉 상황적 의미 기능의 분포 양상

언어유형	상황적 의미	[+존대]	[+비하]
한국어	한자어	-가(家), -자(者), -사(師), -옹(翁)	-광(狂), -배(輩), -족(族),
	고유어	-님	-뜨기, -바가지, -퉁이,-데기, -둥이, -쟁이, -충이, -내기
중국어		-家, -师	-狂, -徒, -族, -犯, -輩 -囚, -棍, -虫, -佬

이상에서 실질적 의미와 상황적 의미에 의한 분류를 살펴보았다. 요지를 정리하면 실질적 의미는 어기에 직접적 의미를 가해주며 파생어 의미에 영향을 끼치는 중요한 부분으로 간주된다. 위에서 살펴본 바와 같이 대부분의 인칭접미사들은 상황적 의미를 가지고 있는 것으로 판단된다. 이것은 실질적 의미류와 상황적 의미류의 접미사 수량에서도 확인되는데 전자가 후자에 비해 훨씬 많다.

2.3. 동심구조 접미사류와 이심구조 접미사류

홍사만1998:202-203은 "국어의 접미사라고 불리는 문법범주는 어휘파생에 관여하는 파생접미사를 두고 이르는 술어인데 파생접미사는 다시 내심구조(endocentric construction) 접미사와 이심구조(exdocentric construction) 접미사로 양분된다. 내심구조 접미사는 단어 내부의 핵구조에 문법적 변화를 유발하지 않는 어류유지(class-maintaining) 접미사로서, 이를 동심구조 접미사라고도 부른다. 이에 반해 이심구조 접미사는 파생 과정에 있어서 문법적 변화를 유도한다. 즉 품사를 전성시키는 어류변화(class-changing)가 바로 그것이다. 이를 이심구조의 접미사라고도 한다."라고 언급한 바 있다.

이러한 논의를 바탕으로 원래 어기의 품사를 유지시키는 부류는 동심구조 접미사에 속하고 그 반대인 것은 이심구조 접미사에 속한다는 것을 알 수 있다. 그리고 동심구조 접미사와 이심구조 접미사에 대한 고찰은 파생어의 형태적 특징을 구명하는데 있어서 간과해서는 안 될 부분이다.

동심구조 : 명사 어기 + 접미사 = 명사 파생어
이심구조 : 동사(구) / 형용사(구) 어기 + 접미사 = 명사 파생어

한국 한자어 인칭접미사는 모두 명사와 결합하는 형태론적 특징으로 말미암아 동심구조 접미사에 속한다. 한국어에서 고찰 대상이 되는 것은 고유어 부분이며 대부분 고유어 접미사 역

시 동심구조류에 속한다. 따라서 한·중 대조 연구의 대상은 한국어 고유어 인칭접미사와 중국어 한자 인칭접미사이다. 이를 도식화하면 〈표 8〉과 같다.

〈표 8〉 한·중 한자 인칭접미사의 '동심-이심구조'류 분포상

	동심구조		이심구조	
	명사 어기		어기 (동사 어근)	어기 (형용사 어근)
한국어 고유어 인칭접미사	욕-감태기, 청-맹과니, 농사-군, 조방-구니, 서울-나기, 뜨-내기, 말-괄량이, 소박-데기, 좀-팽이, 꼬마-동이, 시골-뜨기, 놈-팡이, 심술-패기, 영감-마님, 딸-따니, 가난-뱅이, 구실-아치, 작-다리, 코-맹녕이, 등대-지기, 외-맹이, 남녀-추니, 고집-장이, 벗-바리, 목수-벗장이, 주착-바가지, 숫-보기, 좀-생이, 구두-쇠, 끄-나불, 꼬-맹이, 꾀-자기, 업-저지, 떡-충이, 꾀-보, 안악, 애-숭이/송이		울-보	악착-배기, 미련-퉁이, 마르-깽이, 없-숭이, 잔-챙이, 뚱뚱-보
중국어 인칭접미사	文学-家, 初中-生, 万元-户, 体育-迷, 未婚-夫, 美国-佬, 法-盲, 铁-匠	操作-工, 设计-师, 狙击-手, 飞行-员, 生迁`-者, 传教-士, 工作-狂, 参谋-长	追星-族, 杀人-犯, 爱国-者, 亡命-徒, 选-民, 襟怀笔墨-者	阿谀奉承-者, 狂热-者, 平-民, 懒-汉, 恶-棍, 混-蛋

위 표에서 한국어와 중국어를 비교해 보면 한국어는 '명사'로만 구성되었다고 해야 할 것이지만, 광의적인 시각에서 어기가

어근으로 구성되었다는 점을 감안 할 때, 어기는 다시 '명사', '동사 어근', '형용사 어근'등 세 유형으로 나누어 볼 수 있다. 중국어는 '명사', '명사-동사 겸어', '동사(구)', '형용사(구)' 등 4개 유형으로 세분화 할 수 있다.[04] 이러한 문법 형태의 다양성은 중국어 한자가 가지는 단음절 어기의 특성 때문이다. 일부 학자들이 '字本位'[05]라는 이론을 펼칠 정도로 한자의 문법적 기능은 발달되어 있다. 개체로서의 한자는 대부분 하나의 독립된 음과 의미의 결합체이기에 단음절 한자가 의미·문법적 기능을 담당할 수 있다는 것이 근본적인 출발점으로 된다.

04　기술의 편의를 위하여 '동사(구)', '형용사(구)'로 각각 '동사+동사구', '형용사+형용사구'를 대체하였다.

05　徐通锵의 이론으로서 1994년에 처음으로 학계에 알려지면서 큰 쟁점으로 떠올랐다. 이 관점의 핵심은 중국어 의미통사구조의 최소단위는 한자이지 형태소가 아니며 한자는 중국어 구조의 핵심단위로서 음운, 의미, 통사, 어휘의 교차점에 있다는 것이다. 이 밖에도 중국어 연구에서 本位 문제는 여러 번 제기된 바 있다. 그 예로 马建忠《马氏文通》(1898) '词本位', 黎锦熙《新著国语文法》(1924) '句本位', 朱德熙《语法讲义》(1982),《语法答问》(1985) '词组本位', 邢福义《汉语语法学》(1996) '小句本位' 등이 있다.

제 3 장

한·중 한자 인칭접미사의
형태론적 대조

3.1. 어기 양상 대조

본 장은 '어휘적 양태'와 '문법적 단위 양태' 두 부분으로 나누어 고찰하고자 한다. '어휘적 양태'는 어기가 한자어인지, 고유어인지 아니면 혼종어인지를 가리키고 '문법적 단위 양태'는 어기가 어떤 문법적 구조로 이루어졌는가를 의미한다.

본 절에서는 인칭접미사들의 어기 유형을 살펴볼 것이다.

3.1.1. 어기의 어휘적 양태

한자 인칭접미사는 일반적으로 한자어 어기와 결합한다는 것이 학계의 주장이다. 그러나 이것이 절대적 기준은 아니다. 기존의 연구는 한자어 어기에만 관심을 보였고 기타 유형의 어기에 대한 고찰은 소홀히 진행되었다. 특히 정보화, 사회화의 급속도로 되는 발전으로 말미암아 현실 언어에는 다양한 유형의 한자 파생어들이 산재한다. 새로운 파생어들의 결합 형태는 특정 접미사에서 일정한 성향을 나타내고 있으므로 충분한 연구 가치가 있다.

한국어 어휘는 고유어, 한자어, 외래어 세 부분으로 구성된다. '어기+접사'의 파생어 구조에서 어기가 이 중 어떤 종류의 것과 결합하는지 어떠한 성향이 있는지를 고찰하는 것은 접미사의 파생 유형을 파악하고 출현 가능한 단어들을 예측하는 등 언어 연구에 적극적인 영향을 줄 것으로 보인다.

3.1.1.1. 한국어 한자 인칭접미사의 어기 양상

한국어 한자 인칭접미사의 어기는 한자어인 경우가 대부분이다. 그러나 상황에 따라서는 고유어, 외래어와의 결합도 가능하다.

1) 고유어 어기
    똑똑-자, 뒤선-자, 앞선-자, 낚시-인, 부축-인, 골뱅이-족, 말짱-족, 올빼미 -족, 거품-족, 뚜벅이-족, 낚시-광, 장사-배, 치기-배, 까까-족, 날씬-족, 먹튀-족, 반딧불-족, 온돌-족 ……

2) 한자어 어기
    매도-자, 소지-인, 사진-가, 참가-자, 충고-인, 법학-도, 분장-사, 사무-원, 실습-생, 장발-족 ……

3) 외래어 어기
    투잡-족, 실버-족, 딩크-족, 여피-족, 셀카-족, 니트-족, 캥거루-족, 프 리타-족, 노노스-족, 고스-족, 파라사이트-족, 보보스-족, 예티-족, 펌킨-족, 유턴-족, 캠퍼스 더블 라이프-족, 버블-족, 다운시프트-족, 슬로비-족, 오피스 메신저-족, 네스팅-족, 웰빙-족, 히피-족, 루비- 족, 노모-족, 지피-족, 디카-족, 피겨-인, 디지털노마드-족, 오팔-족, 그루밍-족, 나오미-족, 나이트쿠스-족, 노무-족, 펑크-족, 스포츠-광, 애니메이션-광, 게임-광, 투폰-족, 메모-광……

이상 용례에서 '-족'이 기타 접미사에 비해 고유어나 외래어 결합 면에서 훨씬 생산적임을 알 수 있다. 또한 '-족'의 타원적인 (他源 : 일본에서 유입) 특징과 신형 접미사로서의 우세는 특히 외래어 어기와의 활발한 결합으로 나타난다.

4) 혼용어 어기

장혜연2007:47은 "혼종어는 어종이 다른 둘 이상의 요소가 결합하여 형성된 단어로 한자어 다음으로 신어 형성에 활발히 참여한다. 외래어의 조어력이 점점 향상되고 정착되는 경향 또한 혼종어에서 살펴볼 수 있다."라고 하였다. 혼종어의 결합형식과 해당 용례들은 아래와 같이 분류할 수 있다.[01]

(한자어+외래어)+접미사 :
　　(강의+노마드)-족, (혼+테크)-족, (녹차+커피)-족
(고유어+한자어)+접미사 :

01　순서와 관계없이 어기유형의 다양성만 제시한다. 예를 들면 '고유어+한자어'나 '한자어+고유어'는 동일 유형으로 간주하여 따로 구분 짓지 않는다.

(햇볕+론)-자, (한탕+주의)-자, (신+기러기)-족,

(대학+둥지)-족, (낙+바)-생, (몸+보신)-족

(외래어+고유어)+접미사 :

(부비+댄스)-족, (투+글)-족

한국어 한자 어기 유형에서 특히 주목을 끄는 것은 접미사 '-족'이 외래어 어기와 가장 활발한 결합을 보인다는 점이다. 이와 같은 현상은 언중들의 언어 심리와 무관하지 않다. 다시 말하면 '고유어+고유어'의 조어방식(예 : 불수레-기차[火車])은 언중들에게 쉽게 받아들여 지지 않으며 기존 단어들을 활용할 경우에는 타 어휘와의 의미 마찰이 예상되므로 외래어를 그대로 빌려 쓰는 경우가 점점 많아지기 때문인 것으로 파악된다. 한국어 한자 어기 결합 양상을 정리하면 아래의 〈표 9〉와 같다.

〈표 9〉 한국어 한자 인칭접미사와 어기의 결합 양상

접미사 \ 어기류	고유어 어기	한자어 어기	외래어 어기	혼종어 어기
-가(家)	−	+	−	−
-공(工)	−	+	−	−
-광(狂)	+	+	+	−
-도(徒)	−	+	−	−
-민(民)	−	+	−	−
-배(輩)	+	+	−	−
-사(師)	−	+	−	−
-사(士)	−	+	−	−
-생(生)	−	+	−	+
-수(手)	−	+	−	−
-원(員)	−	+	−	−
-인(人)	+	+	−	−
-자(者)	+	+	−	+
-족(族)	+	+	+	+

3.1.1.2. 중국어 인칭접미사의 어기 양상

중국어 어휘 체계는 한국어와는 달리 한자어(고유어)와 외래어 두 부분으로 이루어졌다.

1) 한자어 어기[02]

意中-人, 宇航-员, 吹鼓-手, 留学-生, 配线-工, 版画-家, 行贿-者, 剪辑-师, 得分-手, 月光-族, 拇指-族, 无车-族 ……

2) 외래어 어기

어기가 영어자모[03] : BoBo-族, NoNo-族, CC-族, Free-族 ……

音譯 형식의 어기 : 朋克(punk)-族, 咖啡(coffee)-师, 克隆(clone)-人, 萨克斯(saxophone)-手, 尼特(NEET)-族 ……

意譯 형식의 어기 : 穷忙-族(working poor-족), 晒客-族(SHARE-족),

---

02 중국어에서 접미사와 한자 어기와의 결합관계를 고찰하는 것은 무의미한 작업이 될 수도 있지만 한국어와의 대조비교의 형평성을 위하여 따로 설정하여 고찰한다.

03 BoBo族: 높은 학력과 넉넉한 수입이 있고 생활을 즐기며 자유, 해방을 추구하며 적극적이며 독립 의식이 강한 부류의 사람.

　　NoNo-族: 모든 거짓과 허위에 대해 No, 거짓 꾸밈에 대해 No, 개성 없이 무작정 유행을 따르는 것에 대해 No, 천편 일률적인 브랜드 꾸밈에 대해 No하는 등, 자신만의 개성을 내세우는 사람 혹은 그 무리.

　　CC-族: 미국의 사회학자 保罗·雷와 심리학자 谢里·安德森가 합작한 저서 《CC族: 5000만, 어떻게 세상을 개변할 것인가》에서 처음 사용한 용어. 문화 창조족(Cultural Creative)의 의미이다.

　　Free-族: 일본에서 처음으로 사용, 분투하기를 포기하고 옛 패턴대로 생활하기를 거부하는 한 무리의 사람.

哈韩-族(하한-족 : 韓流를 좇는 사람들) ……

<표 10> 중국어 인칭접미사와 어기의 결합 양상

접미사 \ 어기류	한자어 어기	외래어 어기
-家	+	−
-工	+	−
-狂	+	−
-徒	+	−
-民	+	−
-輩	+	−
-师	+	+
-士	+	−
-生	+	−
-手	+	+
-员	+	−
-人	+	+
-者	+	−
-族	+	+

중국어 파생어에는 어기의 혼종어 개념이 없다. 굳이 기준을 세우고자 한다면 '영어자모+한자' 구조가 가장 근접된 형태라고 생각된다. 이 책에서 고찰한 바에 의하면 중국어 어기가 혼종어인 용례는 발견되지 않았다.

이상 논의는 다음과 같이 정리할 수 있다.

(1) 인칭접미사와 어기 유형과의 결합을 보았을 때, 한국어는 고유어, 한자어, 외래어, 혼종어 등 넓은 결합 분포를 보였지만 중국어는 한자어와 외래어의 유형하고만 결합 하는 것으로 나타났

다. 양 언어 모두 한자어 어기와 가장 긴밀한 결합관계를 나타내었는데 이것은 한자라는 동질성이 큰 요소로 작용하기 때문이다.

(2) 한국어 파생어에서 '고유어 어기+접미사'형과 '외래어 어기+접미사'형이 산발적인 분포를 보이는데 후자는 특히 신조어에서 많이 나타났다. 중국어에서 '외래어 어기+접미사'형 역시 신조어를 중심으로 활성화 되었지만 그 정도가 한국어보다 낮다. 중국어는 외래어를 유입할 때 한자로 그 의미를 표현하려는 언어심리 때문에 음역으로 파생어를 만드는 경우가 드물다. 대부분 의역 혹은 음역과 의역을 겸하는 방식을 취하여 중국어로 순화시켜 사용한다. 따라서 순수 외국어 발음을 따다가 접미사와 결합하는 경우는 극히 드물다. (예 : 穷忙-族: Working poor)

(3) 한국어 외래어 어기 파생어는 약칭(略稱) 경향이 강하다. 한국어는 음절언어의 특징이 강한 언어이다. 다양하고 풍부한 음절을 가지고 있기에 외래어의 음을 쉽게 받아들일 수 있는 물리적 기초를 갖고 있다. 그러므로 신조어의 주류를 이루는 외래어들이 쉽게 한국어 어휘체계 내부에 들어와 정착할 수 있다. 외래어가 유입되는 과정에서 단어의 음절수가 많은 어휘들은 언어경제성의 원리에 따라 '약칭' 방식을 통하여 재구조화되고 언중들의 언어심리와 심미 취향에 알맞은 신조어를 탄생시킨다. (예: 오팔-족 : OPAL[←Old People with Active Life]族)

(4) 두 언어에서 모두 접미사 '-족(族)'의 결합도가 가장 높은

것으로 나타났다. '-족(族)'은 한국어와 중국어에서 여러 어기 유형들과 모두 결합하는 넓은 분포를 보인다. 이와 같은 현상은 '-족'의 생산력에 영향을 미치는데 이에 대한 자세한 논의는 3.2.에서 구체적으로 살펴보도록 한다.

(5) 양 언어에서 파생어 음절 수는 모두 3음절을 선호하는데 음절 구조에 대한 언중들의 심리가 반영된 것으로 볼 수 있다. 파생어의 3음절화 추세에 대하여 沈猛瓔1995:39은 언어 내적인 원인과 외적인 원인으로 설명하였는데 이밖에도 音節節奏의 측면으로 복합어의 3음절화를 논의한 端木三2000:203-208의 '向音步', '循环音步' 주장이 관심을 끈다. 그는 중국어 복합어의 음절경계를 논하면서 이를 파생어에 적용시키면 신어의 3음절화 현상을 쉽게 설명할 수 있다고 보았다.[04] 冯胜利1996, 1998, 端木三1997, 1999은 '어휘 단위로 보았을 경우 2음절어의 節奏가 가장 좋고 복합어에서는 [2+1] 구조가 [1+2]보다 좋다'고 하였다. 가장 간결한 형태로 정확한 정보를 나타내려는 언중들의 언어심리는 신어에서의 3음절화로 현현된다. 접미사 어기가 단음절에서 2음절로 변화하는 것은 현대 중국어 어휘의 또 하나의 특징이라고 볼 수 있을 것이다. 한국어 한자 파생어 역시 [2+1]구조가 절대적 우세

---

04 중국어에서 하나의 音步 단위는 2음절로 구성된다. '右向音步'는 왼쪽에서 오른쪽의 순서로 雙拍步(2음절은 一步)방법으로 나누었을 때 오른쪽에 하나의 음절이 남는 경우를 말하고, '循环音步'는 순환의 방식(cyclic steps)으로 音步를 형성하는 것인데 우선 가장 작은 문법단위를 분석하고 다음 그 보다 더 큰 단위를 하나씩 층위에 따라 분석하는 것이다.

를 차지하는데 중국어의 음절박자론과 무관하지 않은 것으로 판단된다.

3.1.2. 어기의 문법적 양태

어기의 문법적 단위 양태에 대한 고찰은 제2장의 2.3. '이심구조류' 부분에서 언급한 바 있다. 한국어 인칭접미사와 결합하는 어기는 명사가 주류를 이룬다. 사실 거의 전부가 명사라고 해도 과언이 아니다. 한국어 어기의 문법적 형태는 단일성을 띠지만, 중국어는 복잡한 형태를 띤다.

본 절에서는 우선 중국어 어기의 문법적 형태에 대해 고찰해 보도록 한다.

1) 명사 어기

文学-家, 初中-生, 通讯-员, 音乐-人, 火炬-手(성화봉송주자), 信号-工, 营养-师, 天-民(백성), 画-士(화가), 基督-徒(기독교 신자), 彩虹-族(사업과 생활에서의 가장 적절한 평행점을 찾고 건강한 삶을 영위해나가는 사람), 电脑-狂(컴퍼-광), 弓箭-手(궁수), 鼠-辈(소인배)……

2) 동사(구) 어기

冒险-家(모험-가), 运输-工(운반-공), 亡命-徒(망명-자, 목숨을 돌보지 않는 패거리), 送信-人(우편 집배원), 品酒-师(시음-사), 游击-手(유격-수), 接线-员(교환-원), 打工-族(근로-족), 落伍-者(낙오-자),

杀人-狂(살인-광), 留学-生, 助产-士, 化妆-师, 操盘-手(주식이나 선물 거래 상품을 매입하거나 매도하는 사람), 流 - 民(유랑-민), 选 - 手 ······

3) 형용사(구) 어기

佼佼-者(뛰어난 존재), 狂热-者(열광적인 자), 穷忙-族(바쁘기만 하고 실제 소득은 얼마 되지 않는 사람), 透明-族(맹목적이고 무정부주의, 허무주의와 자유주의의 경향이 강한 사람들을 가리키는데 새로운 데카당⟨decadent⟩의 일종이다), 清洁-工(청소-공), 风流-人(풍류인물), 恶 - 徒(악도, 악당), 晚 - 辈(후배), 可怜 - 生(힘없고 가여운 사람), 能 - 手(재능있는 사람, 명수), 高 - 手(고수), 陌生-人(낯선 사람) ······

4) 명·동사 겸류어(兼類詞) 어기

建筑-家(건축-가), 维修-工(엔지니어, 보수인원), 保护-人, 操作-者(조작-원), 消费-者(소비-자), 工作-狂(미친 듯이 일만 하는 사람), 分析-师(RCA, 특허등록분석사를 가리킴. 1999년 미국에서 발족한 특허등록분석사공회, 전 세계에서 처음으로 건립한 관리, 재무, 금융 등 각 분야의 분석사들의 집단), 实习 - 生(수습-생), 运动-员(운동-원) ······

중국어 어기 형태는 위와 같은 4가지 부동한 방식으로 표현되는데 가장 넓은 분포를 보이는 접미사는 '-工', '-生', '-人'이고 가장 좁은 분포를 보이는 접미사는 '-士'와 '- 辈'인 것으로 나타났다. 나머지 9개 접미사들은 세 유형의 문법 형태와 모두 결합 가능하다. 그리고 모든 접미사들은 명사와 동사 어기들과 활발한 결합을 보이고 형용사 혹은 명·동사(兼類詞)에서 낮은 결합도를 보인다.

중국어 인칭접미사들의 어기 유형은 실제적으로 의미에 일정한 영향을 미치는 것으로 보인다. 동사형 어기와는 전혀 결합하지 못하지만 형용사형 어기와의 결합이 활발한 유형은 기타 접미사에 비해 '상태성'이 아주 선명하게 나타났다. 예를 들면 '-輩'의 경우인데 실제 용례에서 '-輩'의 [+상태] 의미 경향을 확인할 수 있다.

동사형 어기와의 결합도가 높은 인칭접미사는 [+행위]가 높을 것으로 예상되며 '형용사성' 어기와 결합 불가하고 '동사성' 어기와 결합 가능한 유형들은 [+전문]과 [+직업]의 자질이 두드러지게 나타난다. 예를 들면[05] '-家', '-师', '-士', "-员" 등이 이에 속한다.

형용사성 어기와의 결합은 자유롭지만 동사성 어기와의 결합이 부자연스러운 접미사들로는 '-徒', '-民', '-手', '-族' 등이 있다.

[+행위]와 [+상태]의 어기와 모두 결합 가능한 인칭접미사들로는 '-工', '-生', '-人', '-者'가 있다. 이들은 기본적으로 'X행위의 사람' 의미의 파생어를 많이 만들어 내며 강한 '행위성' 특징 때문에 동시에 [+직업]의 자질을 가진다.

이상 중국어 인칭접미사와 어기의 문법적 형태와의 결합 양상을 도식화하면 다음과 같다.

---

05 '-狂'은 어휘 자체가 지닌 강한 부정적 의미 때문에 '(상태성)비하' 속성을 획득한다는 점에서 기타 4개와 다르다.

〈표 11〉 중국어 인칭접미사와 결합하는 어기의 문법적 형태

접미사 ＼ 어기류	명사	동사(구)	명·동사	형용사(구)
-家	+	+	+	-
-工	+	+	+	+
-狂	+	+	+	-
-徒	+	+	-	+
-民	+	+	-	+
-輩	+	-	-	+
-師	+	+	+	-
-士	+	+	-	+
-生	+	+	+	+
-手	+	+	+	+
-员	+	+	+	-
-人	+	+	+	+
-者	-	+	+	+
-族	+	+	+	+

3.2. 파생력 대조

접미사의 파생력은 조어론적인 측면에서 매우 중요한 기준으로 작용한다.

구본관1999:16은 "파생접미사는 새로운 단어를 만드는 요소여야 한다는 점에서 파생접사의 구별 기준에서 매우 중요한 기준이 된다. 조어론적인 기준 즉 새로운 단어를 만들 수 있어야 한다는 기준은 필연적으로 생산성의 문제와 관련되지 않을 수 없다." 라고 하였다. 이러한 관점에서 볼 때, 접미사의 형태론적인 고찰에 있어서 파생력 연구는 필수 작업으로 요구되는 것이다.

파생력은 생산성의 정도를 의미한다. 한 접미사가 얼마나 다양한 어기와 결합하며 얼마나 많은 양의 파생어를 만들어 내는가 하는 것이 바로 파생력이자 생산성이다. 생산성에 대한 이해는 새로운 단어를 만들어 낼 수 있는 능력이나 신조어의 조어 가능성으로 정의되어 왔다. 이광호2007:8의 연구에서 밝힌 바와 같이 "Bauer1983:18는 단어 형성 과정이 새로운 형태를 생성하는데 공시적으로 사용될 수 있을 때 생산적이라고 했고, Spencer1991:49는 규칙이 완전히 새로운 단어를 만드는 데 규칙적이고 역동적으로 사용될 때 생산적이라고 했으며, Plag2003:44는 새로운 복합어를 만들어 내는 데 사용될 수 있는 접사의 특성을 생산성이라고 규정했다." 즉 생산성을 규정하는 데 사용한 용어는 학자마다 조금씩 다르지만 생산성이 특정 공시태의 새로운 단어를 통해서 확인될 수 있다는 점에서는 이견이 없다.

하치근2005:136,145은 "올바른 조어를 위하여 뿌리를 중심으로 한 접사의 통합 양상을 분석하여 그 뿌리 개념의 분화 현상을 파악하고 조어의 보편적인 규칙 체계를 수립할 때 가능하다. 따라서 이 연구에 앞서는 작업은 뿌리의 파생 영역을 분석하는 일이다. 파생 영역은 한 뿌리를 중심으로 하여 통합되는 접사의 상대적인 수에 의해서 결정된다"라고 하였다. 그는 계속하여 생산성 측정의 주된 자료는 어휘 사전이어야 하고 간행물이나 일상 대화에 쓰인 임시어는 보조 자료에 불과하다고 강조하였다.2005:164

이상의 관점을 검토하여 볼 때 접미사의 파생력을 파생어의 숫자를 헤아려서 단순 비교하는 것은 무리가 있음을 시사한다. 이광호2007:8에서는 보다 정밀한 기술을 위해서는 동일 공시태에서 기존에 없었던 단어를 만들어 낼 수 있는 각 접미사의 가능성을 수치로 표현할 수 있어야 한다고 지적하였다.

이밖에 파생어의 생산성에 관한 논의들로는 Mark Aronoff & Kirsten Fudeman김경란 역, 2006, Katamba, Francis/Stonham, John 김경란 역, 2008, 전상범2006, 시정곤2006 등이 있다. Mark Aronoff 외 2006는 "어형성 과정이 보다 일반적일수록, 더 생산적이라고 간주할 것이다. 생산성은 정도의 문제인데 어형성 과정이 생산과 비생산적으로 양분되는 것이 아니다. 실상인즉 어떤 과정들이 다른 과정들에 비해 상대적으로 비교적 일반적이라는 것이다." 라고 하였다. 그의 관점은 생산성은 일반성에 의해 결정된다는 것이다. 그러나 이러한 일반성을 수치화하는 논의는 언급되지 않고 있다. 전상범2006에서는 Baayen의 공식을 예를 들어 설명하고 있다. "생산성의 수치는 '단발어 : 항목의 수'인데 이런 계산 방법의 문제점은 생산적이라면 무엇에 비교한 생산적인가라는 것이다."[06] 시정곤2006:273에 의하면 "토큰 빈도수는 생산성과 관련이 없으며 단발어 빈도도 생산성을 측정하는 데에는 문제가 많고 계열체의 유형 빈도와 생산성은 밀접한 관계가 없다"라고 하였고 "생산성의 정도가 가장 높을 때를 규칙성"이라고 했다. 이

---

06 이광호(2007: 24-25)는 다음과 같이 주장한다. 즉, Baayen가 제시한 공식에서 분자에 놓이는 단발어는 Baayen가 원래 의도했던 신어 외에도 본래 저빈도어와 코퍼스의 특정상 나타나는 단발어(통계적 우연)까지 포함하여 생산성 지표가 실제보다 커지는 오류를 발생시킨다. 다음으로 분모를 살펴보면 접사의 생산성과 관련이 없는 단일체로 인식·처리되는 고빈도 단어를 포함하기에 생산성 지표가 실제보다 더 낮게 산출되는 오류가 발생된다.

연구는 생산성을 고찰함에 있어서 토큰은 무의미한 요소이며 생산성과 밀접한 관계가 있는 것은 토털(total)임을 시사하였다.

이광호2007:25-28는 "Baayen의 방법을 수정하여 생산성 지표를 산출하였는데 공식 P=N(신조어 총수)/N(파생어 총수)에서 분자는 단발어가 아니라 신어의 총수가 되고 분모는 어기와 접사의 결합과정이 인정되는 파생어이다."[07]라고 주장하였다.

이와 같은 논의를 기반으로 이 책은 접미사의 생산성을 아래와 같은 몇 가지 방면으로 고찰하고자 한다. 첫째, 파생력 지수를 산출함에 있어서 토큰(token)은 별 의미가 없는 요소이므로 제외한다. 다음, 생산력과 관련된 가장 중요한 요소는 파생어 총수와 신어 총수로 간주된다. 개별 접미사의 생산성의 높고 낮음은 결국 신어의 파생력과 밀접한 연관이 있는데 이러한 신어의 파생력은 무제한적인 것이 아니라 기존의 파생어 총수와 비교한 상대적인 것으로 간주된다. 물론 신어가 기존의 파생어 총수보다 많을수록 생산성은 높아진다. 그러나 신어가 적고 기존의 파생어 총수까지 적다면 그 파생력은 낮다고 볼 수밖에 없을 것이다. 셋째, 이 책의 지향점과 가장 근접한 생산력 산출방식은 이광호2007:28의 공식 P=N(신조어)/N(어기와 접사의 결합과정이 인정되는 파생어)로 간주된다. 그것은 이러한 논의가 이미 학계의 검증을 거쳤고 산출 가능한 두 요소로 구성되었다는 점에서 기타

---

07 분모 신어에 대한 추출은 4가지 절차를 통하여 불필요한 요소들을 제거하는 작업을 거쳐야 한다. 이 책은 2003~2007년 사이의 신조어 사전을 중심으로 조사하였기에 《표준국어대사전》(1999)에 등재되지 않은 신어로 정확성을 기할 수 있다.

공식에 비해 현실성이 훨씬 높다는 판단에서 비롯된 것이다. 이 공식을 다시 변용하면 P=N(신조어 총수)/N(파생어 총수)가 된 다. 분모의 '어기와 접사의 결합과정이 인정되는 파생어'를 기존 에 사용하고 있는 모든 파생어 총수 즉 사전과 말뭉치를 통한 용 례 총수, 다시 말해서 '파생어 총수'로 표시하고 분자 '신조어'는 '신조어 총수'로 표기한다.

본 연구에서 쓰인 '신조어'의 개념은 최근 10년 사이에 새로 만 들어진 어휘를 가리킨다. 신어는 《2005년 신조어》2005, 《사전에 없는 말 신조어》2007, 《新世纪汉语新词词典》2006, 《中韩新词语 词典》2005 및 '2006, 2007年中国语言生活状况报告'(中国·教育 部)를 참조하였다.

파생어 통계 범위는 아래의 사전과 말뭉치에서 추출한 것이다.

한국어 부분 : 《표준국어대사전》1999, 21세기 세종계획 말뭉치,
KAIST 말뭉치

중국어 부분 : 《现代汉语词典》2006과 《汉语大词典》1989, 百
度·百科, CCL语料库

공식 : P = N(신조어 총수)/N(파생어 총수)

3.2.1. 한국어 인칭접미사의 파생력

한국어 한자 인칭접미사 신조어에 대한 조사는 2002년~2007년 국립국어원에서 발부한 신조어 자료를 참조하였다. 해당 접미사 항이 비어있는 것은 신조어가 발견되지 않았음을 의미한다.

《표준》1999에 등록되어 있지 않은 신조어들을 정리하면 다음과
같다.

-가(家) : 애묘-가

-공(工) : --

-광(狂) : 겜-광

-도(徒) : --

-민(民) : 역난-민, 직능-민

-배(輩) : --

-사(師) : 국-사, 먹-사

-사(士) : 검안-사, 독서 치료-사, 목욕관리-사, 새끼 상담-사, 일수거-
　　　　　사, 집사변호사, 체형 관리-사

-생(生) : 낙바-생, 반수-생, 역유학-생, 연예 고시-생, 장수-생

-수(手) : --

-원(員) : 주재-원(酒在員)

-인(人) : 변성-인, 소변-인(笑辯人), 애묘-인, 중기-인(中企人), 화식-인

-자(者) : 근사-자, 만액 연금-자, 방외-자, 사이버 중독-자, 슈퍼전파-
　　　　　자, 의생-자, 택숙-자

-족(族) : 가제트-족(gadget족), 가족 나들이-족, 가족 하숙-족, 고공-
　　　　　족, 고층빌딩-족, 골뱅이-족, 공시-족, 구석방 폐인-족, 국
　　　　　제-족(cosmocrats), 그림-족, 기펜-족(giffen's), 김치도시락-
　　　　　족, 까까-족, 껄껄-족, 꽁-족, 나오미-족, 나우-족, 나이트쿠
　　　　　스-족, 날씬-족, 네스팅-족(nesting), 노노스-족(nonos), 노
　　　　　모어엉클-족(no more uncle), 노블리안 레저-족(noblian lei-

sure), 녹차카페 -족, 니트-족, 다운시프트-족(downshift), 달팽이-족, 대학 둥지-족, 더블라이프-족(double life), 더블엘-족(double L), 더피-족, 도심 호텔 휴양-족, 독생자녀 동거-족, 독수리-족, 듀크-족, 등산로-족, 디지털 노매드-족, 디지털스쿨-족, 디지털 코쿤-족, 디카-족, 딘스-족, 렉-족, 리플-족, 리필-족, 말짱-족, 매스티지-족, 먹튀-족, 멀티잡스-족, 멍-족, 면창-족, 명품-족, 모바일오피스-족, 모잉-족, 모자이크-족, 몰카-족, 몸보신-족, 문어발-족, 문화-족, 문화피서-족, 미드-족, 바나나보트-족, 반딧불-족, 밤도깨비-족, 밤 스터디-족, 밥터디-족, 배터리-족, 베지밀-족(vegemil), 베타-족(bata), 복권-족,봄맞이-족, 부비댄스-족, 부츠-족, 뷔페-족, 비욘드보디-족 (beyond body), 비투비-족, 새벽닭-족, 셀카-족, 손바닥-족, 숍캉스-족, 수그리-족, 수상스포츠-족, 순간-족, 슈트케이스-족, 슈퍼댓글-족, 스노-족, 스피키-족, 스테이 오피스-족, 스펙-족, 시혼-족, 신기러기-족, 신명품-족, 신선-족, 실속파-족, 싱커-족, 아날로그-족, 아라-족, 악플-족, 안티테크-족, 안티화이트데이-족, 알뜰 문자-족, 알뜰 점심-족, 애걸복걸-족, 애프터유-족, 얌체쓰레기 여행-족, 엄지-족, 엉큼-족, 에스컬레이트-족, 엑스펀-족, 영어-족, 영퇴-족(young退족), 영품-족, 오컬트-족, 오팔-족, 온돌-족, 올빼미 헬스-족, 왕따-족, 외톨-족, 우리가남이야-족, 웰루킹-족, 웰빙-족, 웰시-족, 은둔형 방콕-족, 이승엽-족, 인라인스케이트-족, 인형-족, 자립-족, 잡노매드-족, 장이- 족, 점심시간-족, 점오배-족, 정거장-족, 젬병-족, 주말-족, 중고폰-족, 지피-족, 직테크-족, 집으로-족, 집필-족, 차깡-족, 처가살이-족, 청계천-족, 청춘-족, 체인지-족, 초고속-족, 초피-족, 출산 기피-족, 카이트보드-족, 카폭-족, 캔들-족(candle), 캠퍼스 모라토리엄-족, 캠핑-족, 케세라세라-족(queserasera), 케이티엑스 통근-족, 코보스-족, 콘트라섹슈얼-족(contrasexua), 키덜트-족, 키티-족, 투글-족(two-글), 투폰-족,트렁크-족, 파카-족, 패러글라이딩-족, 패러싱글-족, 펌킨-족, 펌플-족, 펭귄-족, 폰카-족, 프라브 -족, 프리터-족(freeter), 하한-족(哈韓族), 할리-족, 허브-족, 헛소문-족, 혼 테크-족(婚tech), 홈스파-족, 환승-족, 효리-족, 흐느낌-족, 힐리스-족

〈표 12〉 한국어 인칭접미사의 파생력 분포 양상

	파생어 총수	신조어 수	파생력 지수
-가(家)	129	1	0.007
-공(工)	130	0	–
-광(狂)	28	1	0.035
-도(徒)	28	0	–
-민(民)	57	2	0.035
-배(輩)	60	0	–
-사(師)	35	2	0.057
-사(士)	47	7	0.148
-생(生)	144	5	0.034
-수(手)	79	0	–
-원(員)	112	1	0.008
-인(人)	113	5	0.044
-자(者)	381	7	0.018
-족(族)	25	179	7.16

〈표 12〉에서 보다시피 한국어에서 가장 생산적인 한자 인칭
접미사는 '-족(族)'이고 다음은 '-사(士)' '-사(師)'가 각각 2, 3위
를 차지한다.

3.2.2. 중국어 인칭접미사의 파생력

중국어 인칭접미사 파생력 연구에서 신조어에 대한 고찰은
2000년부터 지금까지 10여 년간 신조어사전에서 나타난 파생어
들을 대상으로 진행하였다.[08]

-家 : 知本-家, 骂-家
-工 : 老鼠-工, 外来-工, 义-工, 钟点-工, 票-工
-狂 : --
-徒 : --
-民 : 基-民, 拍-民, 沽-民
-辈 : --
-师 : 流-师, 点菜-师
-士 : 嬉皮-士
-生 : 代培-生, 高价-生, 双差-生, 特困-生, 特招-生, 线下-生, 资优-
      生, 赞助-生, 招优-生, 预科-生, 免费-生, 五专-生, 结业-生, 见

---

08 위 사전 중 《现代汉语词典》(2006)에 등재된 단어는 신조어에서 제외한다. '-
族'은 http://baike.baike.com에서의 용례를 기준으로 한다.

習-生, 三夸-生

-手：面-手, 游戏-手

-员：程序-员, 家政助理-员, 婚导-员, 三大-员, 协管-员, 导厕-员,
科技協调-员

-人：明白-人, 平面-人, 香蕉-人, 蜘蛛-人, 虚拟-人, 镜面-人, 镜子-
人, 基因-人, 叫包-人

-者：留守-者

-族：蹦迪-族, 波波-族, 耳机-族, 轮椅-族, 飘-族, 追星-族, 袋鼠-族,
月光-族, 闪婚-族, 书包-族, 候鸟-族, 蝴蝶上班-族, 沪飘-族,
熊猫-族, 低薪休闲-族, 穿孔- 族, 打洞-族, 洞洞-族, 孔雀-族,
咸猪-族, 短信-族, 拍拍-族, 拇指-族, 手玩-族奔奔-族, 吊瓶-
族, 飞鱼-族, 合吃-族, 急婚-族, 啃椅-族, 赖校-族, 乐活-族, 慢
活-族, 陪拼-族, 捧车-族, 试药-族, 网络晒衣-族, 洋漂-族, 装
嫩-族, 代排-族, 毕婚-族, 晒黑-族, 拒电-族, 爱邦-族, 难民-族,
考碗-族, 转存-族, 试客-族, 晒一-族

〈표 13〉 중국어 인칭접미사의 파생력 분포 양상

	파생어 총수	신조어 수	파생력 지수
-家	91	2	0.021
-工	52	5	0.0961
-狂	11	0	-
-徒	31	0	-
-民	31	3	0.0967
-辈	5	0	-
-师	113	2	0.017
-士	39	1	0.025
-生	31	15	0.483

	파생어 총수	신조어 수	파생력 지수
-手	81	2	0.024
-员	69	7	0.101
-人	151	9	0.059
-者	263	1	0.003
-族	34	49	1.441

〈표 13〉에서 보듯이 중국어에서 파생력이 가장 강한 접미사는 차례로 '-族', '-生', '-員', '-民', '-工'의 순위이다.

중국어 인칭접미사 파생력 분포에서 '-族'이 가장 높은 생산성을 보이는 점은 한국어와 같다. 그러나 '-族' 앞에 놓이는 어기를 한국어와 비교해 보면 크게 다르다. 중국어에서 외래어가 그대로 '-族'의 어기로 되는 경우는 극히 드물다. 대체적으로 해당 의미를 한자에 부여하여 의미의 재구성 과정을 통하여 신조어를 만든다. 한국어와의 가장 큰 차이점은 외래어를 수용함에 있어서 음역보다는 의역을 위주로 하고 발음과 의미의 양쪽을 두루 고려한다는 점이다. 이것은 한자의 표의적 특징과도 연관된다. 한자 하나하나가 가지고 있는 의미 때문에 외래어를 중국어로 받아들일 때 그 의미를 고려하지 않을 수 없기 때문이다.

예:

波波-族(BoBo의 음역) : 고학력, 고수입, 높은 삶의 질을 지향하고 자유해방을 갈망하는 진취적이고 독립적인 한 부류의 사람(指的是那些拥有较高学历, 收入丰厚, 追求生活享受, 崇尚自由解放, 积极进取的具有较强独立意识的一类人。)

晒一族(음,의역) : 자신의 애용물, 가계부, 수입, 느낌이
거나 감정 같은 것을 인터넷에 올려 네티즌들과 함께 흠
상하는 한 부류의 사람
洞洞-族(의역) : 유행을 따르기 위하여 자신의 귀, 코, 배꼽 등
에 구멍을 뚫고 장신구를 달고 다니는 사람

3.2.3. 한·중 인칭접미사의 파생력 대조

3.2.1.과 3.2.2.에서 고찰한 바를 종합하면 파생력에 대한 양 언
어 인칭접미사 대조표를 얻을 수 있다.

〈표 14〉 한·중 인칭접미사의 파생력 대조표

생산력 지수 순위	한국어 인칭접미사 / 파생력 지수	중국어 인칭접미사 / 파생력 지수
1위	-족(族) / 7.16	-族 / 1.441
2위	-사(士) / 0.148	-生 / 0.4838
3위	-사(師) / 0.057	-员 / 0.101
4위	-인(人) / 0.044	-民 / 0.0967
5위	-민(民),-광(狂) / 0.035	-工 / 0.0961
6위	-생(生) / 0.034	-人 / 0.059
7위	-자(者),-원(員) / 0.008	-士 / 0.025
8위	-가(家) / 0.007	-手 / 0.024
9위	-	-家 / 0.021
10위	-	-师 / 0.017
11위	-	-者 / 0.003

위 표에서 보다시피 양 언어에서 '-족(族)'은 가장 생산성 있는 접미사이다. 기타 인칭접미사는 한국어의 신조어에서 활발한 조어기능을 하지 못하는 것으로 나타났고 중국어와 비교할 때 그 차이는 쉽게 감지된다.

제 4 장

한·중 한자 인칭접미사의 의미 기능 대조

접미사는 고정불변한 것이 아니라 시간과 환경에 따라 그 의미가 조금씩 변모한다. 한자 인칭접미사 연구 역시 통시적이고 동적인 시각으로 살펴 볼 필요가 있다. 이것은 김종택1982:203의 연구에서 잘 나타나 있는 바 그 주장을 인용하면 다음과 같다. "사전의 처리와는 관계없이 언제부터인가 우리는 '運轉手'를 '運轉士'로 부르게 되었고, 또 그렇게 함으로써 특정한 부류의 사람들을 대우하는 것으로 받아들이고 있다. 이것은 '간호원'의 경우도 마찬가지인데 '간호부'는 언제부터인가 '청소부, 매춘부, 창부, 접대부'의 계열에서 벗어나 떳떳이 '교원, 행원, 위원'등과 같이 性을 벗어나 한 사회의 계층으로 부상하고 있다. 이는 현실적으로 '간호부'라는 말의 사멸을 뜻하며 동시에 접미사의 어휘기능을 지금처럼, 사전적 처리에 안이하게 맡겨 둘 것이 아니라, 의미론적으로 다양하게 고찰해 볼 필요가 있음을 말하는 것이다."이러한 주장은 한자 인칭접미사 의미 기능 연구의 중요성과 필요성을 또 한번 강조하고 있다.

인칭접미사는 어휘적으로든 문법적으로든 어기에 대해 의미적 가의 기능을 담당한다. 아무런 기능도 하지 않는 접미사란 있

을 수 없다. 김종택1984:217은 "'-家, -士, -師, -者, -手'와 같은 인칭
접미사들이 단순히 인칭을 표시하는 데 그치지 않고 好, 惡의 감
정은 물론 尊卑의 표시까지 하고 있기에 국어의 화법체계수립을
위해 그 의미 기능에 대한 연구가 중요하다고 본다."라고 하였으
며 김용한1996:5도 "지금까지의 기존 연구들은 한자 접미사를 어
떤 기준으로 어떤 범위까지 인정할 것인가 하는 문제에 치중되
어 있음을 알 수 있다. 특히 '접미사'의 인정 문제를 논한 연구들
은 결과적으로 용어만 바꾼 동어 반복적인 것이 대부분이다. 더
구나 개별 접미사의 의미 기능을 분석한 연구는 한두 편에 지나
지 않는다. … 접미사의 논쟁보다도 '접미사적'으로 사용된 어소
들의 의미 기능을 분석하는 것을 선결문제로 취급해야 한다"라
고 주장하면서 의미 기능 연구의 중요성을 재삼 언급하고 있다.

이 책에서는 현실언어에 기반을 둔 접미사들의 의미 기능을
정확하게 분류, 기술하는 것이 선결 작업이라고 생각하며 이러
한 작업이 접미사 기준 설정에도 일조할 것으로 생각한다. 아울
러 최종적으로 각 인칭접미사의 의미 기능을 밝히는 것이 본 연
구의 핵심인 것만큼 이에 대해 집중적으로 다루기로 한다.

4.1. 실질형태소의 접사화

한자 인칭접미사의 의미 기능을 더 잘 파악하기 위하여 그 의
미변화를 살펴 볼 필요가 있다. 한자 인칭접미사는 한자로 되어

있기 때문에 그에 해당하는 중국어 해당 한자들의 의미를 밝히는 것이 우선적으로 요구된다. 이러한 인칭접미사는 중국어에서도 준접미사에 해당하거나 문법화 과정을 시작한 형태소들이다.

한자 접미사의 통시적 변화 고찰은 대응하는 중국어 접미사들의 문법화 과정을 파악하는 문제와 긴밀하게 연관된다. 중국어 인칭접미사는 대부분 실사로부터 문법화 과정을 거쳐 온 것으로 간주되는 의존형태소들이다. 그 문법화 과정은 획일적이지 않기 때문에 개개의 인칭접미사들 간에는 문법화의 정도 차이가 존재한다.

张斌2008:15은 "고대 중국어 단음절어가 현대어로 변화 발전하는 과정에서 일부는 단어구성 성분으로 변화하였다. 개별 어휘에 따라 그 상황이 다른데 어떤 것은 고대 원의를 보유하고 어떤 것은 의미 변화를 거쳐 새로운 기능을 파생하였다."라고 하였다.

특히 이 책에서 논하고자 하는 한국어 한자 인칭접미사는 중국어의 준접미사에 해당하며 아직 어휘적 의미가 남아 있는 경우가 대부분이다. 일각에서는 어휘적 의미가 남아있는 이러한 어휘소를 접미사로 볼 수 없다는 주장을 펼치지만[01] 吕叔湘1979, 沈猛瓔1986, 马庆株1998 등에서는 준접미사로 인정해야 할 필요성과 그 기준을 제시하였다.[02]

---

01 曾晓鹰(1996), 蒋 斌(2001), 董正存(2003), 张小平(2003) 등.

02 ① 새로운 접사화 현상은 실제적 의의가 있는 어근이나 단어가 변화되어 온 것이다. ② 어휘적 의미가 형식화 되면서 비교적 추상적이고 개괄적인 어휘적 의미나 문법적 의미를 나타내는데 그 허사화 정도에서 차이를 보인다. ③ 위치가 고정적이며 定位性을 가진다. ④ 조어능력이 강하며 생산성이 있으나 정도차이가 있다. ⑤ 조어과정에서 유화(類化)작용을 하며 품사 제시성이 있다. ⑥ 새로운 접사화 과정에 있는 신조어는 3음절을 위주로 한다.

한국어에서는 접미사로, 중국어에서는 준접미사와 접사화 시작 단계에 있는 한자 인칭접미사로 그 의미 변화에 대한 연구는 접미사 전반 연구에 있어서 중요한 부분일 뿐만 아니라 대조를 통한 의미 기능 연구에 있어서도 매우 큰 가치를 제공한다.

한자 인칭접미사의 접사화 과정은 '문법화'과정의 한 형태로서 양자는 본질상 일맥상통한다.

'문법화'이론에 대해 孫朝奮2005:20은 "서구 언어학자들은 1965년 Jerzy Kurylowicz의 주장을 '문법화'의 표준 모델로 간주한다. 즉, '문법화란 한 어소의 사용범위가 점차 확장되고 어휘 속에 형식적 성분이 증가되어 형식 형태소로 변해가는 것을 말한다. 따라서 덜 형식적인 형태소가 문법화 정도가 더욱 높은 형식 형태소로 변해가는 것도 문법화의 범주에 속한다.' 파생형태소가 굴절형태소로 변해가는 것이 그 일례이다."라고 지적하였다.

刘坚2005:35은 다음과 같이 설명하였다. "한 실사의 어휘적 의미가 우선 변화를 가져오는데 그 변화가 일정한 정도까지 진행되면 어휘의 기능 변화를 일으키게 되어 기존의 어휘적 의미를 상실한다. 이 과정이 바로 문법화인데 한마디로 말하면 어휘적 단위가 문법적 단위로 변화하는 것이다."

김은일 외1999:173-174는 "형태소화는 연속 변이의 두 번째와 세 번째 부분에 일차적으로 관련되는 문법화의 일부분이다."라고 주장하면서 '어휘항목>접어>접사'의 공식을 내세운다. "독자적인 어휘적 단어에서 나온 접사들의 문법화에서 접어의 이전 단계에 대한 증거가 항상 있는 것은 아니지만, 그러한 과정에 관련된 어휘적 독립성의 상실은 접어 단계를 전제로 한다."라고 지적하였다.

이상의 논의에서 우리는 문법화의 한 형태인 접사화에 관한 세 가지 관점을 얻을 수 있다.

첫째, 접사화는 실사에서 시작되어 형식적 성분의 증가와 함께 점차 어휘적 의미를 상실하며 허사 쪽으로 그 의미 기능이 변해 간다.

둘째, 원래 형식적이던 형태소가 더욱 형식적인 것으로 변화해 가는 과정이다.

셋째, 접사화의 과정은 점진적이다. 따라서 문법화 정도가 높은 형태소는 전형적인 접미사로, 정도가 보다 낮은 것은 준접미사로, 결합도가 높고 아직 문법화가 일어나지 않은 형태는 자유형태소, 즉 단어이다. 이것을 도식화하면 아래와 같다.

자립형태소	문법화 정도 낮음 (초기 발전 단계)	문법화정도 높음 (후기 발전 단계)
〈단어〉 ···▶ 〈준접미사〉 ···▶ 〈전형적 접미사〉		

이러한 관점에서 이 책에서 고찰하고자 하는 인칭접미사들은 대부분 접사화 진행 단계에 들어선 것들이다. 이들의 문법화 단계는 전형적 접미사(-子, -兒, -頭)보다 낮으며 각 인칭접미사들 사이에는 정도 차이가 존재한다. 예를 들면 전형적 접미사 '-者'와 준접미사 '-人', '-民', '-工'사이의 정도 차이는 쉽게 감지된다.

문법화에서 가장 중요한 것은 '단일 방향성 원리'이다. 이에 관해서 BerndHeine[2004:18, 25]는 "문법적인 변화는 단일 방향으로 진행된다. 즉 어휘적인 것에서 문법적인 형태나 구조로, 또한 문법적인 것에서 더욱 문법적인 형태나 구조의 방향으로 진행되며 개방 범주에서 폐쇄 범주의 방향으로 발전해 간다는 것이다." 沈家煊[2005:9]은 單向循環規則에 대해 아래와 같이 설명한다. "한 언어 성분이 철저한 문법화의 과정을 거치고 나면 실사와 결합하여 또 다른 하나의 단위를 형성하는데 원 성분은 零形式으로 변화한다." 그리고 그 구체적 순환 패턴을 아래와 같이 제시하였다.

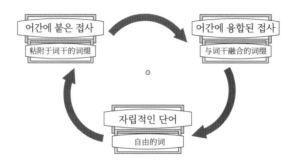

이와 같은 순환 체계는 문법화 과정을 집약적으로 보여준다. 의존형태소인 접사의 원초적 모습이 어휘적 의미를 가진 단어였다는 점은 접사 연구의 출발점을 분명히 하고 정확한 연구방향을 제시한다는 데 큰 의의가 있다.

한국어 한자 인칭접미사는 대부분 중국어에서 차용되어 온 한자어들이다. 비록 일본에서 유입된 것들이 있다 하더라도 한자의 근원지는 중국이기 때문에 중국어 인칭형태소의 접사화 과정을 살피는 것은 한국 한자 접미사의 출발점이 됨과 동시에 의미 기능 연구의 바탕이 될 것이다.

통시적인 고찰과 공시적인 연구를 위하여 중국에서 가장 오래된 한자 뜻풀이 사전인《说文》(《说文解字今释》(2001), (汉) 许慎, 汤可敬 岳麓书社出版社)에서 원의를 찾고 최대 고어 어휘 사전《辞源》을 참조로 한자의 의미 변화 궤적을 살폈으며 공시적 의미 고찰은《现代汉语词典》을 참조하였다. 파생어 용례는 사전과 말뭉치 자료에서 추출하였다.

아래 본고에서 선정한 14개 접미사 '-家, -工, -狂, -徒, -民, -辈, -師, -士, -生, -手, -員, -人, -者, -族'의 의미변화 과정을 차례로 고찰하도록 한다.

4.1.1. 家

《说文》

家, 尻也.('家'는 '거처하는 곳'을 의미한다)

段玉裁注 : 尻, 各本作居, 今正.……此篆本義乃豕之尻也, 引申假借以爲人之尻.(단옥재 주석: '尻'는 각 판본에서 '居'로 적고 있으므로, 이제 바로잡는다……'家'의 본의는 '돼지의 거처'였으나, '사람의 거처'의 의미로 가차, 파생되었다)

《辞源》

① 家族, 家庭(가족, 가정)

② 结婚成家(결혼하여 성가하다)

③ 落户安居(정착하다)

④ 卿大夫的采地食邑(경대부들에게 봉해진 토지)

⑤ 有专长的人(특장이 있는 사람)

⑥ 归依(귀의하다, 의탁하다, 의지하다)

⑦ 家中饲养的, 别于野生(사육, '야생'과 상반된다)

⑧ 自称, 人称的语尾(자칭, 인칭의 어미)

⑨ 姓(성씨)

《现汉》

① 家庭; 人家(가정, 집안)

② 家庭的住所(주택)

③ 借指部队或机关中某个成员工作的处所(군 부대나 정부 기관 성
원들이 일하는 공간)

④ 经营某种行业的人家或具有某种身份的人(어떤 업종을 경영하는
사람이거나 그런 신분을 가진 사람)

⑤ 掌握某种专门学识或从事某种专门活动的人(어떠한 전문지식을
장악하고 전문 활동에 참여하는 사람)

⑥ 学术流派(학술유파)

⑦ 指相对各方中的一方(여러 상대 중의 하나)

⑧ 谦辞, 用于对别人称自己的辈份高的或同辈年纪大的亲属(겸칭,
타인한테 자신보다 항렬이 높거나 동년배지만 나이가 많은 친족
을 소개할 때 쓰는 말)

⑨ 饲养的(跟'野'相对)(사육, '야생'과 대응된다)

⑩ 饲养后驯服(사육하여 길들이다)

⑪ (量)用来计量家庭或企业(가정이나 기업을 헤아리는 단위)

사전에서의 제1의미항은 대부분 '가정, 가족'으로 되어 있다. 《辞源》은 9가지 해석을 제시하고 있지만 접미사 용법으로 쓰인 해석은 ⑤번과 ⑧번이다. 그러나 후자는 '農家, 咱家, 君家, 伊家' 類로서 이 책에서 연구하고자 하는 '科学家'型과는 다른 것으로 판단되어 논의에서 제외한다. 《现汉》는 '家'를 11개의 의미항으로 해석하고 있지만 접미사 용법에 해당하는 것은 ④, ⑤번이다. 같은 이유로 ④번은 논외로 하며 ⑤번만 연구 대상으로 삼는다. (4.3 '家'항 참조)

아래는 접미사 '-家'의 의미변화를 나타내는 예들이다.

a. 牖户之间之扆, 期内谓之家.《说文》段玉裁注 '공간'

b. 墨子尚同下 : 治天下之国若治一家.《辞源》'가정'

c. 汉书·艺文志 : 故春秋分为五, 诗分为四, 易有数家之传.《辞源》'학 파/학자'

d. 掌握某种专门学识或从事某种专门活动的人 : 专家, 画家, 政治家, 艺术家, 科学家, 社会活动家.《现汉》'전문적인 사람'

여기서 a는 '공간' '家'의 뜻이고, b는 '공간과 사람'의 결합체이며 c 와 d는 '전문성을 띤 사람'을 나타내는 예문이다. b에서 c로의 변화는 앞 단계와는 상이한 과정이다. '공간'에서 '가정/가족'으로의 의미변화는 완전히 다른 의미 항목으로 연결되지만 후자의 '가족 → 어떠한 사람'은 실질적 의미가 좀 더 추상적이고 범주화 되었을 뿐이다.

《说文》의 원의와 자료 및 사전 해석에 의거하면, '家'는 '돼지의 거처'로부터 '사람의 거처'로 발전하였고, 나아가 '거처의 주체'가 되는 '가족, 가정'의 의미로 발전하였다. 고대에서는 '가족, 가정'단위로 생산 활동을 벌여왔기에 '가족, 가정'의 뜻에서 어떤 일을 전문으로 하는 '전문성을 띤 사람'으로 발전하였을 개연성이 크다. '-家'는 원의에 없었던 의미항들이 점점 늘어나고 '어휘>접사'의 의미변화 과정을 거쳤는데 그 중 일부 의미항의 사용빈도가 높아지면서 문법화 과정을 거쳤을 것으로 추정된다.

'家'의 의미변화 :

'-家' : 공간(돼지의 거처) → 가족 → 사람(어떠한 특징)

실사(實詞) '家'는 '가정, 집'이라는 기본 의미로 현대 중국어에서 여전히 활발히 쓰이고 있다. 동시에 문법화 과정을 거친 '-家'는 전형적 접미사와 준접미사의 형태로 언어생활에서 쓰이고 있으나 학계에서 공인하는 전형적 접미사는 우선 형태적인 면에서 준접미사와 다르다. 발음표기로 볼 때 전자는 경성으로 표기되고 후자는 5.5度 音高 즉 1성이다. 양자 사이의 차이는 아래의 표와 같다.

<표 15> '家(jia)'와 '-家(jiā)' 구분

	-家(jia)₁	-家(jiā)₂
의미	명사 뒤에 붙어 그 부류의 사람을 가리킴; 남성의 이름이나 항렬을 나타내는 어기 뒤에서 그 부인을 가리킴.	전문지식을 갖고 전문 활동에 종사하는 사람; 어떠한 업종에 종사하거나 혹은 모 신분의 사람.
파생력	폐쇄적	개방적
범주화	추상적	구체적
파생어의 예	女人-家, 孩子-家, 姑娘-家, 学生-家, 老三-家, 秋生-家…	农-家, 渔-家, 东-家, 行-家, 政治-家, 科学-家, 艺术-家…
유형	전형적 접미사	준접미사

　　사전에서 접미사로 표기했던 '-家₁'은 현대 중국어에서 파생력을 잃어가고 있는 반면, '-家₂'는 활발한 파생력을 보여주며 (준)접미사적 용법을 인정받는다.

　　이 책은 '-家(jiā)'의 3음절(이상) 파생어를 대상으로 하였다. 준접미사로 쓰이는 '-家'는 파생력(3음절)이 강하며 구체적이고 실질적인 의미를 가지고 있다.[03]

　　결론적으로 전형적 접미사나 준접미사 "-家"는 모두 '공간'으로부터 '어떠한 특징의 사람'의 뜻으로 발전하여 왔다는 점에서는 일치하다.

03　현대 중국어에서 전형적 접미사에 의한 조어는 비활약적으로 이루어지는 반면 준접미사에 의한 構詞法은 매우 활발하게 진행되고 있다. 특히 근년에는 신조어에 의한 어휘 접사화 현상이 더욱 선명하다(沈孟瓔 1986,1995 참조).

4.1.2. 工

《说文》

工, 巧飾也. 象人有規榘也.(工은 '장식의 정교함'이다. 사람이 곱자[榘
: 기역자 모양의 자]와 그림쇠[規 : 원을 그리는 제구]를 들고 있는 모양을
본떴다)

《辞源》

① 工人, 手工业劳动者(노동자, 수공업 노동자)

② 官(관리, 벼슬아치, 관청의 직무)

③ 古代特指乐师, 乐人(고대에서는 특히 악사, 음악하는 사람을 가리
켰다.)

④ 精密, 精巧(정밀하다/정교하다)

《现汉》

① 工人和工人阶层(노동자와 노동자 계층)

② 工作, 生产劳动(사업/일, 생산노동)

③ 工程(공정)

④ 工業(공업)

⑤ 指工程师(공정사)

⑥ 一个工人或农民一个劳动日的工作(근로자나 농민 한 명의 하루
작업량)

⑦ (儿)技术和技术修养(기술 및 기능 수양)

⑧ 长于; 善于(~에 능하다, ~을 잘 하다)

⑨ 精巧, 精致(정교하다/정밀하다)

《说文》과 기타 사전들에 의하면, '工'은 '정교하다'의 뜻으로부터 '그림쇠나 곱자 등의 도구를 사용하는 사람'으로 발전하였고, 더 나아가 '기술을 가지고 있는 사람'의 의미로 변화하였다.

고대 중국어에서 특히 '樂師'를 '樂工'으로 불렀을 만큼 '工'은 손재주가 많은 사람에게 쓰였다. 《现汉》에는 접미사로 등재되어 있지 않지만 실제 언어생활에서는 '기술노동자, 수공업자'의 의미를 가진 방대한 'X+工'파생어가 존재한다. (4.3 '-工'부분 참조) '-工'의 접사화 과정은 아래와 같이 도식화할 수 있다.

'-工'의 의미변화 :

'-工' : 장식이 정교함 → 도구(곱자〈曲尺〉 등)를 사용하는 사람
　　　　　　　　　　　　→ 기술 노동자

4.1.3. 狂

《说文》

狂, 狾犬也(狂은 미친 개를 가리킨다)

'미치다'는 의미 요소로 말미암아 'X+狂'파생어는 [−긍정]의 부가적 의미와 쉽게 연결된다. '개가 미치다'로부터 파생되어 나온 의미는 '비정상적인 정신 상태에 있는 사람' 혹은 '미친 인간'의

의미로 확장되었다.

《辞源》

　①癫狂, 神经错乱(미치광이; 언행이 경솔/경박하다; 정신 착란)

　②狂妄(오만하다, 교만하다)

　③急躁(조급하다)

　④放荡(방탕하다)

　⑤形容势猛烈(형세가 사나움을 비유한다)

　⑥狂, 急促(광란하다, 급박하다)

　⑦鸟名(새 이름)

위의 해석 중 ①번이 접미사적 용법으로 쓰인 의미항이다.

《现汉》

　①精神失常; 瘋狂(정신이상, 미치다)

　②猛烈(맹렬하다, 기세가 사납다)

　③纵情地, 无拘无束地(마음껏, 아무런 구속 없이), (많이는 즐거움을 표시)

　④狂妄(망령스럽다)

　"-광(狂)"은《现汉》에서 인칭접미사로 제시하지 않았다. 그러나 아래와 같은 예에서 우리는 인칭접미사적 기능을 확인할 수 있다.

暴露-狂, 虐待-狂, 色情-狂, 杀人-狂, 战争-狂, 工作-狂 …

이상 'X+狂'파생어는 X의 경향이 강한 사람 혹은 어떤 상태에 심취해 있는 사람을 나타내며 비칭의 의미가 강하다.

'-狂'의 의미변화 :

'-狂' : 미친 개 → 사람이 미치다 → 정도가 심하다

4.1.4. 徒

《说文》

徒, 步行也(徒는 보행이다)

《辞源》

① 步行(보행)

② 步兵(보병)

③ 服劳役的人(노역을 하던 사람)

④ 众(많음)

⑤ 同类之人(동일 부류에 속하는 사람)

⑥ 弟子, 门人(제자)

⑦ 刑罚名(형벌이름)

⑧ 副词(부사)

《现汉》

① 弟子, 學生(제자, 학생)

② 信仰某种宗教的人(모 종교를 신앙하는 사람)

③ 同一派系的人(含贬义)(동일 파벌의 사람)(비칭)

④ 指某种人(含贬义)(어떠한 유형의 사람)(비칭)

⑤ 指徒刑(징역)

'보행'의 원뜻과 파생의미 간의 연결고리는 '따르다'로 파악할 수 있다. 고대에서 '보병'은 兵車를 따르는 사람이었고 '제자, 문하'도 '스승을 따르는 사람'으로 풀이된다. 현재 접미사로 쓰이는 '-徒' 역시 '동일 파벌을 따르는 사람, 어떤 나쁜 것을 따르는 사람'으로 해석 가능하다. 고대 전장에서 병거를 따르며 싸우던 보병들의 지위는 낮을 수밖에 없다.[04] '徒'는 두 가지 의미로 파악되는데 하나는 '따르다'이고 다른 하나는 '지위가 낮다'이다. 현대 중국어에서 '門徒', '學徒'와 같이 '제자, 학생, 문하'의 의미를 가진 '徒'는 '낮은 지위'의 뜻을 가진다. 학생의 신분이 선생님에 비하면 낮기 때문이다. '徒'의 이러한 낮은 지위로 말미암아 현대 중국어 'X+徒'인칭명사는 모두 '낮춤이나 비하'의 감정색채가 짙다. 예를 들면, 酒-徒, 叛-徒, 奸-徒, 暴-徒 등이다.

---

04 李华(2003:24) : '徒'는 원래 고대 전장에서 병거 뒤를 따르며 싸우던 보병을 가리키었는데 그 지위가 갑사(甲士)보다 낮다.

'-徒'의 의미변화 :

'-徒' : 보행 → 보병(비칭) → 따르는 사람(비칭) → 동류의 무리(비칭)

4.1.5. 民

《说文》

民, 众萌也.(깨치지 못한/우매한 사람들)

《辞源》

① 人(사람)

② 与神相对(신에 상대되는 것)

《现汉》

① 人民(인민)

② 指某类人(모 부류의 사람들)

③ 民间的(민간적)

④ 非军人; 非军事的(비군인, 비군사적)

'民'은 옛날에는 '백성'의 의미로 쓰였고 현재도 그 의미가 남아 있다. 단, 오늘날 '农民, 渔民, 居民, 侨民' 같은 어휘들에서는 '평민 백성'보다는 '무엇을 하는 사람', '어떤 특징/신분의 사람'의 의미가 가미되었는데 그 예들로는 网-民, 灾-民, 难-民, 逸-民 등을 들 수가 있다.

4.1.6. 輩

《说文》

輩, 若軍發車百兩為一輩.

(군대에서 수레 100대를 동원하면 '一輩'라고 불렀다)

《辞源》

① 百辆车(수레 백대)

② 等, 类(등급, 부류)

③ 表示人的多数(다수의 사람)

④ 行輩, 輩份(항렬, 서열 순위)

⑤ 比(비견하다)

《现汉》

① 行辈, 輩份(항렬, 서열 순위)

② 〈书〉等, 类(指人)(등급, 부류의 사람)

③ (～兒)輩子(평생)

이상 현재 인칭접미사 용법으로 쓰인 예는 '某类人'(어떠한 부류의 사람)이다. 그 의미항은 '輩份, 行輩'로부터 파생되어 온 것으로 추정되는데 거의 모든 사전에서 '行輩, 輩份'의 의미가 '某類人'보다 앞서 있으며 전자가 후자에 비해 더욱 구체적인 의미를 나타낸다. 후자는 유화(類化)작용을 거쳐 추상적·개념적 의미를 나타내는 것으로 파악된다.

예 :

稠人广众, 荐宠下輩.《史记》

(사람들이 많은 곳에서 하인들을 대우해주고 아껴주었다.)

古人不可见, 前輩谁复继？ 杜甫《赠李邕》

(고인은 보이지 않고 선인들 떠난 길 누가 뒤를 따르랴?)

'-輩'의 의미변화 :

'-輩' : 百輛의 수레 → 항렬 순위 → 한 부류(등급) 사람
⋯→ 같은 특징의 사람

4.1.7. 師

《说文》

師, 二千五百人爲師.(2,500인을 師라고 한다.)

'많음, 집합'의 의미로부터 '군사나 많은 사람'으로 변화하였고 결국 부대의 편제를 가리키는 명칭으로 사용되었다.

《辞源》

① 古代军队编制以二千五百人为师(고대 군사를 편성함에 있어서
2,500명을 師라고 하였다)

② 老师, 教师(스승, 교사)

③ 有专门知识技艺的人(전문지식과 기예가 있는 사람)

④ 官, 长(-관, -장)

⑤ 众人(많은 사람)

⑥ 效法, 学习(모방하여 따르다, 배우다)

⑦ 易六十四卦之一(주역 64괘의 하나)

《现汉》

① 称某些传授知识技术的人(어떠한 지식기술을 전수하는 사람)

② 掌握专门学术或技艺的人(전문 학술지식이거나 기예를 장악한 사람)

　　고대 사전과 초기 문헌들에서는 '師'의 기본의미를 '군사'로
해석한다.[05]

　　孫中遠2002:58은 '師'의 기본 의미를 '군대'로 잡고 '教師, 老師,
師傅'에 나타난 '師'는 '군대'의 '師'형태만 빌린 전혀 다른 의미
를 나타낸 假借字라고 설명하였다. 假借字 '師'의 본뜻은 '글을
가르치는 선생님'에서 '師傅, 師範'으로 확장되었고 '工程師, 技
師, 大師'등은 같은 맥락을 가진 파생어들이다.

05　《辞源》(1984) "古代军队编制以二千五佰人为师. 后泛称军队为师. 例：诗秦
风无衣-王于兴师, 修我戈矛, 与子同仇."

任學良1981:66의 견해도 위와 일맥상통한데 "접미사 '師'는 '老師'류의 '師'에서 변화하여 의미의 문법화를 거쳐 전문지식과 기능을 장악한 사람을 나타낸다."고 하였다.

이렇게 볼 때 동일 형태를 가진 '師'는 두 개의 기본의미를 가지는데, 즉 '군대'와 '스승'의 뜻이다. 오늘날 중국어에서 접미사적 용법으로 쓰이고 있는 '-師'는 후자의 의미다. 그러나 이러한 '스승'의 의미는 실제 용례에서 '전수의 기능'의 뜻은 많이 약화되었다. 즉 '전문지식을 전수하는 사람'보다는 '어떠한 학식이나 기예를 장악한 사람'으로 문법화 되었음을 확인할 수 있는 대목이다.

| '師' | a.【军队义】雄师, 出师 → 兴师动众 |
| | b.【师傅义】教师 → 工程师, 医师 → 摄影-师, 理发-师, 美容-师, 魔术-师… |

'-師'의 의미변화[06] :

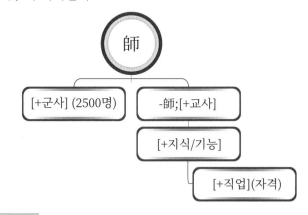

06   이영자(2012:34), "조선어 인칭접미사 '-사'의 의미적 특징" 「민족어문」6.

위 그림은 '師'의 의미 갈래를 잘 보여준다. 앞선 논의에서 밝혔듯이 '군사'의 뜻으로 쓰였던 한자 '師'를 가차하여 '스승'의 의미로 쓰였는 바 의미 구도 상 '군사'와 '스승'의 의미항을 동일 층위에 배정하였다.

4.1.8. 士

《说文》

士, 事也. 數始於一, 終於十. 从一从十. 孔子曰 : "推十合一为士"('士'는 '일을 처리함/일 할 줄 아는 사람'의 의미다. 숫자는 1에서 시작하여 10으로 끝난다. 즉 一(일)을 따르고 十(십)을 따른다. [形符가 '一'과 '十'으로 합쳐진 會意字] 공자가 말하기를 '많은 사물로부터의 추론을 거쳐 간결하고 핵심적인 하나의 이치를 귀납해 낼 수 있는 사람이 士'라고 하였다.)

段玉裁注: 引申之, 凡能事其事者称士. (넓게 보았을 때, 일을 처리할 능력이 있는 사람을 '士'라고 부른다.)

'士'는 '일을 처리함/일처리 할 줄 아는 사람'으로부터 '그런 능력을 가진 사람'으로 의미 확장하였는데,《左传》에서는 현재와 과거에 대해 박통하고 옳고 그름의 사리가 분명한 사람을 '士'로 부른다고 하였다.

《辞源》

① 从事耕种等劳动的男子(농경 등 육체노동에 참여하는 남자)

② 古时四民之一, 位于庶民之上. 士农工商(고대에서 서민계층을 4등급으로 나누었는데 즉 사농공상(士農工商)에서 '士'는 서열 상

서민층의 윗 등급의 계층이다.)

③ 官名(관명)

④ 兵士(병사)

⑤ 通事(통역, 통사)

⑥ 做官(벼슬하다)

⑦ 姓(성씨)

《现汉》

① 古代指未婚的男子(고대 미혼 남성을 가리켰다.)

② 古代介于大夫和庶民之间的阶层(고대 대부와 서민사이의 계층)

③ 士人(사인)

④ 军人(군인)

⑤ 某些国家军人的一级(일부 국가에서 군인의 등급을 가리킨다.)

⑥ 指某些技术人员(모 영역의 기술인원을 가리킨다.)

⑦ 对人的美称(사람에 대한 미칭)

⑧ 姓(성씨)

《说文》에 따르면 '士'는 '일을 처리함/일을 처리할 줄 아는 사람'이고 그 한자 형태는 '一'과 '十'을(숫자 1과 10을 각각 한자로 표기한 것) 따른다고 하였다. 이는 '士'의 자형을 분석한 것인데 1에서 10까지는 기수(基數)로서 이를 배우는 것은 학업 과정이라는 데서 선비가 하는 일이란 뜻이 된다. 이로부터 '일', 또는 '벼슬에 나가 일하는 사람'의 의미로 파생되었다. 고대 중국어에서는 실사로 쓰였고 '미혼 남자', '최하층 귀족, 즉 대부와 서민 사이의 계층', '공부하는 사람', '軍銜의 일종인 尉級 이하의 등급'등으로 쓰였다. 현대 중국어에 와서는 독립적인 어휘 기능을 상실하고 접미사 용법으로만 쓰이는데, '어떠한 기술을 장악하였거나 어떠한 속성의 사람'을 가리킨다.

任學良1981:64에 의하면 '士'는 이미 단어로 사용되지 못하고 있으며 어떠한 부류의 사람들을 나타내는 접사라고 주장한다. 李華2003:17는 "중국에서 고대 지식인을 '士'라고 칭하였는데 서민 계층을 네 등급으로 나누었을 때 맨 앞자리를 차지한 계층이었다. 즉 사, 농, 공, 상이 바로 그것이다."고 하였다. 이 점은 한반도와 별반 차이가 없다. 남존여비 사상의 영향으로 말미암아 고대 중국에서 학문이나 공부를 할 수 있는 사람은 남자에만 한정되었다.《说文》과《辞源》의 해석으로부터 '士'의 핵심 의미를 '일을 잘 처리하는(사람)', '남성', '지식'으로 정리할 수 있다. 현대 중국어에도 '士'의 이와 같은 의미자질은 남아 있다.

예：

骑-士, 道-士, 战-士 : 남성

医-士, 辩护-士, 传教-士 : 지식, 지위

그러나 '护-士, 助产-士'와 같은 여성 전문용어의 출현으로 말미암아 '士'가 남성전용의 단어로부터 통성(通性)으로, 美稱에서 일반화로, 높은 지식성에서 기술성으로 변모해 가는 흐름을 파악할 수 있다. 또 이러한 변화 과정으로부터 '직업 혹은 직업자격'의 의미자격을 부여받는다.

'-士'의 의미변화 :

'-士' : 일을 처리함(그런 사람) → 남성/ 미칭/ 지식성
→ 통성/ 범칭/ 기술성 → 직업(자격)

4.1.9. 生

《说文》

生, 進也. 象艸木生出土上. ('生'은 '자라남'이다. 초목이 흙으로부터 자라나오는 모양을 본떴다.)

《辞源》

① 生长, 长出(자라나다)

② 生育, 养育(출산하다, 양육하다)

③ 活(살다)

④ 生命(생명)

⑤ 生活(생활)

⑥ 一生, 一辈子(한평생)

⑦ 与'熟'相对('익다/여물다'와 상반되는 말)

⑧ 生疏(생소하다)

⑨ 本性, 天性(본성, 천성)

⑩ 繼承(계승하다)

⑪ 有才学之人, 也指读书人的通称(재간과 학식이 있는 사람 혹은 공부하는 사람을 통칭)

⑫ 戏剧角色的名称(중국 희극 극중 배역의 명칭)

《现代汉语词典》

生₁：　① 生育, 出生(출산, 출생)

② 生长(성장하다)

③ 生存(생존하다)

④ 生计(생계)

⑤ 生命(생명)

⑥ 生平(평생, 일생, 생애)

⑦ 具有生命力的, 活得(생명력이 있는 것, 살아 있는 것)

⑧ 产生, 发生(탄생하다, 발생하다)

⑨ 使柴, 煤等燃烧(장작이나 석탄 등을 태우다.)

生₂：　① 果实没有成熟(과일이 익지 않음)

② (事物) 没有煮过或者煮得不够的(덜 익힌 것)

③ 没有进一步加工或炼过的(정밀가공과 제련과정을 거치지

않은 것)

④ 生疏(생소하다)

⑤ 生硬, 勉强(어색하다, 무리하다/억지로 하다)

⑥ 很(매우)

生₃：　① 学习的人, 学生(공부하는 사람, 학생)

② 旧时称读书人(옛날, 공부하는 사람을 가리켰다.)

③ 戏曲角色行当, 扮演男子, 有老生, 小生, 武生等区别(희곡

배역 중 일종으로 남자의 역할을 담당하며 노생, 소생과 무

생 등으로 구분한다.)

④ 某些指人的名词后缀(사람을 가리키는 명사접미사)

李華2003:17는 '生'에 관하여 다음과 같이 기술하고 있다. '生'
이 처음 사람을 지칭할 때는 특별히 '재능과 학문이 있는 사람'을
가리켰다. 그러다가 차츰 '공부하는 사람'의 의미로 고착화되었
다.[07] 고대에는 남존여비 사상이 심하였기 때문에 여자는 공부할
기회가 없었고 공부한 사람들 거의가 남성이었다. 따라서 '生'은
'男性'의 의미를 포함하고 있고 그 키워드는 '남성', '학습', '지식'
으로 요약된다.

《现汉》에서의 의미항 배열 순위를 통하여 '-生'의 접미사적
의미 변화 궤적을 잘 관찰할 수 있다. 生₁은 '생겨나다, 살다', 生
₂는 '생소하다, 익숙하지 않다', 生₃은 '~사람'으로 풀이하였는데
사실 生₁은 설문해자 원의와 근접하며 生₃은 준접미사로 접사화
된 단계이며 生₂는 접어 과정에 있다고 볼 수 있다.

《说文》과 위 사전들에 의하면, '生'의 원의는 '초목이 자라남'이
고, 이로부터 더 나아가 '학문·수양·능력 등이 진보하다/증진되다/
향상되다'의 의미를 가지게 되었고, 최종적으로 '재능과 학문이 있
는 남자 → 독서인 → 학생(통성)'의 의미로 발전하였다.

'-生'의 의미변화 :

'-生' : 생기다/ 증진되다/ 향상되다 →
재능과 학식이 있는 남자 → 독서인 → 학생(통성)

---

07 《诗·小雅·常棣》: 虽有兄弟, 不如友生.

4.1.10. 手

《说文》

手, 拳也. ('手'는 주먹이다)

段玉裁注 : 今人舒之為手, 卷之為拳, 其實一也. 故以手与拳二篆互训. (단옥재 주석 : 그것은 펴면 손[手]이 되고, 잡으면 주먹이 되는데, 양자는 사실 동일한 것이다. 때문에 手는 拳으로 互訓한다.)

'手'는 인체의 손목이하 부분을 가리킨다. 고대 중국어에서 '-手'은 이미 인칭접미사 용법으로 쓰였다.[08]

《辞源》

① 人体上肢的总名, 一般指腕以下持物的部分(인체 上肢의 총칭, 일반적으로 손목이하 물건을 잡는 부위를 가리킨다.)

② 表示手的动作(손 동작을 표시한다)

③ 亲手(친히, 손수)

④ 专精一事或专司某业的人(전문적으로 어떤 일에 종사하는 사람)

《现汉》

① 人体上肢前端能拿东西的部分.(인간 상체의 맨 끝부분, 물건을 잡을 수 있는 부분)

② 拿着(들다, 가지다)

---

08 《司马彪·续汉书》东平王苍病, 诏遣太医丞将高手医治病. 通典:江南百姓不习河水, 皆转顾河师水手, 更为损费.《宋书·王镇恶传》西将及能细直吏, 快手, 有二千余人.

③ 小巧而便于拿的(작고 손쉽게 잡을 수 있는 것)

④ 亲手(친히, 손수)

⑤ 手段, 手法(수단, 방법)

⑥ (手儿)(量)用于技能, 本领等(기능과 재주를 헤아리는 분류사)

⑦ 擅长某种技能的人或做某种事的人.(어떠한 기능이나 솜씨가 능
   숙한 사람 혹은 어떤 일을 잘 하는 사람)

'-手'에서 '손과 관련된 일을 하는 사람'으로의 의미 변화는 환
유의 '부분-전체'로 해석할 수 있다. 임지룡1999:205은 "환유의 확대
지칭의 원리는 효율성을 위하여 부분으로써 전체를 지칭하는 인
지 기제라 할 수 있다."라고 하였다. '-手'이 '인간 신체의 한 부분'
으로부터 '사람'을 나타내는 과정에는 언어의 경제 원리와 유추
의 요인이 작용 하였을 수도 있겠지만 그 인지적 기초는 바로 환
유에 의한 확대 효율성의 원리인 것이다. 의미의 초점은 손만이
갖고 있는 靈敏性과 操作性에 있다. 따라서 맨 처음 쓰이던 '-手'
파생어는 모두 '손으로 다루는 일'에 집중되었다. 예를 들면 '晋
天福中, 迁弩手军使'(《旧五代史》), '明宝启太宗, 使回募江西楚
人, 得快射手八百'(《宋书·黄回传》), 唐代에는 角手, 弩手, 胡食
手, 宰手, 御书手, 楷书手 등의 각종 업무 종사자가 있었다(李华
2003:32). 任學良1981:68은 명사파생접미사 '手'에 대해서 '어떠한 기
술에 능통하거나 어떤 일에 종사하는 사람'이라고 해석하였다.
   아래는 현대 중국어 사전에서 찾아 본 용례들이다.

a. 神枪-手, 射击-手, 吹鼓-手, 拖拉机-手……

b. 红旗-手, 一把-手 ……

a는 '손'과 관련된 구체적인 일을 하는 사람, b는 추상적인 상
징성을 띤 사람을 가리키는데 은유에 의한 파생으로 간주된다.
'红旗手'를 글자 그대로 해석하면 '붉은 깃발을 든 사람'이지만
실제로는 '모범 근로자/ 모범 직원'을 가리키고, '一把手'는 회사
나 정부 부처의 '제1책임자'를 뜻한다.

이를 바탕으로 그 의미 변화를 도식화하면 다음과 같다.

'-手'의 의미변화 :

'-手' : 손(주먹을 쥐는 부분) → 손의 기능적 역할 (영민도/숙련도)
→ 숙련된 기능을 갖춘 사람 ···어떤 상징성을 띤 사람

4.1.11. 員

《说文》

员, 物数也. ('员'은 물건의 수량을 말한다.)

《辞源》

① 定数的人或物, 人员(정해진 수량의 물건이나 사람, 인원)

② 周围(주위)

③ 通'圆'('圆'과 통용.)

《现汉》

　① 工作或学习的人(사업이나 공부를 하는 사람)

　② 指团体或组织中的成员(단체 성원 중의 일원)

　'員'은 최초에는 사물의 수량을 나타내는 量詞였는데 점차 '인원'의 의미로 파생되어 '관원, 관리'(예 : 대원, 요원)로 발전하였다.[09] 현대에 와서 정부 공공기관과 民政사업과 관련된 일을 하는 사람을 '-員'이라 한다. 예를 들면, '公务員, 邮递員, 炊事員, 通信員'등이다. '員'은 인원의 수량을 가리키는 데 사용할 수 있으므로, '-員'을 이용하여 사람을 지칭할 때는 일반적으로 '한 무리 속의 개체'의 뜻을 가진다.(李华2003:24)

　현대 중국어에서는 '어떠한 조직에 가입하여 권리와 의무를 부여 받은 사람'이나 '공부나 어떤 일에 종사하는 사람'의 의미로 사용된다. 그 의미변화는 아래와 같이 도식화할 수 있다.

　'-員'의 의미변화 :

'-員' : 사물의 수 → 인원 →
집단(조직) 속의 일원(관리, 관원) → 어떤 일에 종사하는 사람.

09　任学良(1981:60): "《汉書·百官公卿表》曰'吏员, 自佐史至丞相, 十三万二百八十五人' 是也. 汉代已将'吏' '员'连用, 词尾'员'就由此发展而来." (《汉百官公卿表》에서 이르기를, '吏员'이라 함은 佐史부터 승상까지 13만 285인을 가리킨다.)

4.1.12. 人

《说文》

人, 天地之性最贵者也.('人'은 천지 생물 중 가장 귀한 존재다.)

'사람'의 의미가 그대로 남아있는 준접미사이다. 실질적 의미 즉, 도구를 제조하고 자연을 개조하며 언어를 사용할 수 있는 고급동물의 의미로 쓰였던 '人'이 문법화 단계를 거치면서 '어떠한 특성을 띤 혹은 어떠한 일에 종사하는' 범주적 사람을 나타내게 되었다.

《辞源》

① 人类, 能创造并使用工具进行劳动, 改造自然的动物(인류를 가리킴. 도구를 제조, 사용하여 노동에 종사할 수 있고 자연을 개조할 수 있는 동물)

② 别人, 他人(타인)

③ 人民, 民众(인민, 민중)

④ 杰出的人(뛰어난 사람)

⑤ 人品(인품)

《现代汉语词典》

① 能制造工具并使用工具进行劳动的高等动物(도구를 제조·이용하여 노동을 할 수 있는 고급 동물)

② 每人(한 사람 한 사람.)

③ 指成年人(성인)

④ 指某种人(어떤 부류의 사람)

⑤ 别人(타인)

⑥ 指人的品质, 性格, 名誉(인품, 성격과 명예)

⑦ 指人的身体或意识(인체 혹은 의식)

⑧ 指人手, 人才(일손, 인재)

《说文》는 천지의 생물 중에서 가장 귀한 것이 '사람'이라고 하였다. '-人'은 이러한 본의로부터 어떤 성질을 나타내는 한 부류의 사람으로 변화하였다. 즉, 구체적인 것에서 추상적인 것으로, 특수성에서 일반성을 띤 '사람'으로 의미 확장을 가져왔다. 그러나 기타 인칭접미사에 비하여 '人'은 원의를 가장 많이 보유하고 있고 접사화 정도가 낮은 인칭접미사 중 하나로 간주된다.

'-人'의 의미변화 :

'-人' : 원초적 인간 → 어떠한 특징의 사람

4.1.13. 者

'者'는 중국어 학계에서 각각 '대명사'(王力), '조사'(楊伯峻), '접사'(任學良1981) 로 인정하며 주장이 엇갈린다.

《说文》

別事罰也.(者는 사물을 구별하는 말이다)

《辞源》

助词, 表示'的'或'停顿', 相当于'这'.(조사로서 '的'나 '정지(멈춤)'를 나타내며, 지시대명사 '这/이것, 이'에 해당한다) 예 : 那边走, 者边走, 莫厌金杯酒.(五代·王衍《醉妆词》)

《现汉》

表示有此属性或做此动作的人或事物. 用在某某工作, 某某主义后面, 表示从事某项工作或信仰某个主义的人.(그러한 속성, 행위의 사람이나 사물을 나타냄; '-工作'나 '-主义'뒤에서 그 사업에 종사하거나 모종의 '主义'를 믿는 사람을 나타낸다.)

'-者'는 고대 중국어에서 문법적 층위의 명사화 표기로 기능했다. 주로 동사(구)나 형용사(구) 뒤에 붙어서 'VP+者'의 형태로 이들을 명사화하여 사람이나 사물을 지칭하였다. 독립된 성분의 자격으로 문장에서 쓰이지 못하면서 점차 문법층위의 성분으로부터 형태론적 층위의 요소로 변화하였다(張新紅 외 2007:73). 이는 '-者'가 다른 접미사들에 비해 매우 이질적임을 시사한다. 즉 그 기원으로 볼 때 원래부터 의존적인 형태소였다는 점이다.

접미사로 변화하는 과정에서 '-者'는 전접 성분과의 결합으로부터 특정한 어휘적 의미를 획득하였는데 고대 중국어의 '作者'(發起人, 勞作人 : 발기인, 노작인)는 현대 중국어의 '作者'(글

쓰는 사람/예술 창작인)와 아주 달랐다. 의미의 변화 및 고착화는 '단음절X+者'의 어휘화를 가속화시켰고 이와 함께 그 문법화 정도가 더욱 높아졌는데 '사람, 사건, 사물'에서 '어떠한 사람'만 나타내는 것에 이르렀고[10] 일반적 '사람'으로부터 '특정된 한 부류의 사람'만 가리키는 의미 축소를 가져왔다. 예들 들면 '學者'는 고대에서는 '공부하는 모든 사람'을 통틀어 가리켰으나 현재는 '학술 면에서 일정한 성과를 올린 사람'으로 전문화되었다. '記者' 역시 '적기를 하는 모든 사람'으로부터 '신문 기사를 취재하고 통신 보도를 쓰는 전문 사람'의 의미로 축소, 고착되었다. 이로부터 '-者'가 원래의 상대적인 넓은 지칭 범주에서 전문화, 특정화의 방향으로 추상화되었음을 알 수 있다.

형태론적인 면에서 '-者'는 아직도 고대 중국어의 기능이 잔재하고 있는데 그것은 바로 단어 상위어인 구 형태와의 결합이 가능하다는 점이다. 예를 들면, 符合条件-者, 被录取-者, 计算机操作-者, 病毒传播-者(张新红·刘锋2007:73). 이러한 쓰임이 잔존하는 것은 언어의 의미·기능이 점진적이고 연속적인 변화 과정

---

10 李華(2003:42)는 "현대 중국어에서 어휘화된 '-者'는 거의 대다수가 사람을 나타낸다.《現代汉语词典》에 수록된 26개 '-者'표제어 중 '或者'를 제외한 나머지 25개 모두가 사람을 나타내는 명사들이었다."라고 하였다. 徐湃(2008:14-16)에 의하면 '-者'가 접미사적 기능으로 쓰이기 시작한 것은 춘추전국시대이다.《左传》,《论语》,《诗经》,《周易》등 저서에서 '사람'혹은 '사물'을 가리키는 '-者'를 볼 수가 있다. 西晉 시대,《三国志》에서 '-者'는 성숙된 접미사적 용법으로서의 모습을 볼 수가 있었다.

예 : 择其善者而从之, 其不善者而改之.《论语》 五年, 春, 公将如棠观鱼者.《左传》时公兵不满万, 伤者十二三.《魏书·武帝紀》

에 있기 때문이다.

'-者'의 범주화는 덜 문법적인 형태가 보다 문법적인 형태로 변화한 것으로 간주된다. 문법화 정도는 형태·의미적 변화를 거친 '-家'보다 높은 것으로 보인다. 그것은 '-者'가 형태·조어적 특성 상 원래부터 독립적이고 온전한 단어의 범주에서 벗어나 의존적인 성격을 갖고 있었기 때문이다.

'-者'의 의미변화 :

-者 : 구별사(區別詞) → 지시 대명사 → (속성/행위)의 사람 가리킴

4.1.14. 族

《说文》

矢锋也. 束之族族也. ('族'은 '화살촉'을 가리킨다. 한 묶음의 화살은 함께 모여 있다.)

《辞源》

① 有血缘关系之亲属的合称(혈연적 관계가 있는 친족의 합칭)

② 品类(품종, 종류)

③ 聚, 集中(모이다, 집중하다.)

④ 率, 众(거느리다, 많다)

⑤ 刑及父母妻子曰族(부모와 처자에까지 미치는 형벌을 族이라 한다.)

《现汉》

① 家族(가족)

② 古代的一种残酷刑法, 杀死犯罪者的整个家族, 甚至他母亲, 妻子
等的家族(고대 형벌의 일종, 모친과 아내를 포함한 범죄자와 관련
된 모든 가족 구성원들을 죽이는 형벌)

③ 种族, 民族(종족, 민족)

④ 事物有某种共同属性的一大类(공통한 속성을 가진 사물의 한 부류)

　고대 중국어에서 '族'은 '화살촉'을 가리켰고 '모이다'란 의미에
서 혈연관계로 뭉친 한 집단 즉 '가족, 겨레'를 나타냈다. 그러나
이러한 '가족'의 의미가 그대로 접사화 과정을 거쳐 오늘의 파생
어를 탄생시켰다고 보기는 힘들다. 중국어 준접사 중에는 자생
적으로 생겨난 것들과 외국에서 유입한 것 두 가지가 있다. 그 중
접미사적 '-族'은 일본에서 들어온 차용어소로 간주하는 견해가
일반적이다.[11]

　혈연관계로 뭉친 특정 집단을 가리키던 '-族'이 점차 일반성,
대중화의 특성을 띠면서 '어떠한 공통의 특성을 가진 한 무리의
사람'을 가리키는 데로 변화, 발전하였다. 접미사 용법으로 쓰인
'-族'은 일본에서 접사화 과정을 거쳐 중국에 유입되었다고 보는
쪽이 합리성을 띤다. 그러나 그 내원이 어디든 간에 '-族'이 '가
족'의 의미로부터 '비친족 관계의 동일 성향, 특징을 가진 한 무
리의 사람'을 가리키는 의미변화 과정을 거친 것만은 확실하다.

11　왕령(2006:71)에 따르면 "族은 확인된 42개 외래 접사 중의 하나이다."라고 밝

아래 a,b 두 부류 중 본고에서 고찰하고자 하는 준접미사 '–族'은
b류를 가리킨다.

    a. 民族, 宗族, 蒙古族, 朝鮮族 ……
    b. 上班–族, 工薪–族, 丁克–族, 朋克–族 ……

'–族'의 의미변화 :

      '–族' : 화살촉 → 모이다 → 같은 속성 집단/사람

이상 14개 인칭접미사의 의미변화 과정을 살펴본 바 그 접사
화 정도 차이는 다음과 같은 세 부분으로 고찰되었다.

〈표 16〉 실질형태소의 접사화 과정

비문법화 단계 (의존형태소)	문법화 초기/발전 단계 (준접미사)	문법화 완성 단계 (전형적 접미사)
士, -徒- -民, -輩	-家, -人, -工, -手, -员, -师, -狂, -族, -生	-者

4.2. 한국어 한자 인칭접미사의 의미 기능

홍사만1998:205-208은 "접미사의 어휘론적 기능은 '파생'과 '가의'

힌 바 있다.

의 두 가지로 압축되며 파생접미사는 일반적으로 실질적 의미를 가의한다. 그러나 명사류 파생접미사 중에는 어기에 상황적, 추상적 의미만을 가의하는 부류들이 있다. 이때 가의성은 주로 대상에 대한 비속이나 긍정의 의미가 중심이 된다."라고 지적한 바 있다.

이 책은 이에 따라 인칭접미사 의미 기능을 실질적 가의기능과 상황적 가의기능 두 부류로 나누어 살펴보고자 한다. 실질적 가의는 [+전문], [+직업], [+성향], [+신분], [+집단] 등의 자질로 살펴볼 것이며 상황적 의미는 [+존대]와 [+비하]로 고찰해 볼 것이다.

아래 4.2.와 4.3.의 논의를 통하여 다음과 같은 결론을 얻어낼 수 있을 것이다. 인칭접미사의 상황적 가의기능은 모든 실질적 의미에 부가되는 것이 아니라 어느 한 의미자질에서만 그 가의기능을 한다. 즉, 예를 들면 '-가(家)'는 [+전문]에서 [+존대]의 가의 기능을 한다.

본 절의 논의는 사전적 의미해석과 말뭉치 용례를 의미에 따라 분류·기술하는 방법으로 진행한다. 이하 접미사 표기에서 한국어와 중국어는 각각 한글과 중국어로 한다. (예 : '-자(-者)'는 한국어, '-者'는 중국어를 나타낸다.)

이 책에서는 철저한 자료적 검토를 중심으로 의미 분석에 입각하여 대상 인칭접미사들의 의미를 변별하고자 한다. 따라서 집계한 용례들을 부동한 유형에 따라 세분하고 그 의미를 기술하는 방법을 취한다. 범주화된 의미로부터 화살표 '→'의 오른쪽과 같은 의미자질을 추출해 낼 수 있을 것이며 이러한 의미자질은 바로 해당 인칭접미사의 중심적 의미가 되는 것이다. 그리고 사전과 용례 중심으로 14개 한국 한자 인칭접미사의 의미 기능을 일일이 밝히고 그에 따른 의미자질 속성표를 작성한다. 이러한 목표를 달성하기 위하여서는 기존 사전의 의미 해석이 필수적이다. 의미의 출발점은 세 사전의 해석이 될 것이며 다양한 의미자질은 이로부터 추출된 것으로 볼 수 있다.

4.2.1. -가(家)

접미사 용법으로 쓰인 '-가'의 사전적 의미 해석은 다음과 같다.

《표준》

①'그것을 전문적으로 하는 사람' 또는 '그것을 직업으로 하는 사람'의 뜻을 더하는 접미사.

예 : 건축가, 교육가, 문학가, 작곡가, 평론가

② 그것에 능하거나 뛰어난 사람.

예 : 외교가, 이론가, 전략가, 전술가

③ 그것을 많이 가진 사람.

예 : 자본가, 장서가

④ 그 특성을 많이 지닌 사람.

예 : 대식가, 명망가, 애연가

《큰사전》

① 그 일에 전문적으로 종사하는 사람

예 : 예술가, 문학가, 정치가, 혁명가, 발명가

② 그 일을 뛰어나게 잘 하는 사람

　예 : 사교가, 외교가

③ 그것을 많이 가진 사람

　예 : 자본가, 장서가

④ 그런 특성을 지닌 사람

　예 : 낙천가, 모략가, 애연가, 애처가

《국어》

① 몇몇 한자어 명사 아래에 붙어 그런 방면의 일을 전문적으로 하는
　사람이나 또는 어떤 일에 종사하는 사람

　예 : 혁명가, 소설가

② 어떤 일에 능하거나 또는 지식이 남보다 뛰어난 사람이라는 뜻

　예 : 음악가, 전략가

③ 그 명사가 뜻하는 어떠한 특성을 가진 사람임을 나타내는 말

　예 : 독서가, 애주가, 공상가

④ 어떠한 것을 많이 가지고 있는 사람

　예 : 자본가, 장서가

⑤ 성(姓) 다음에 붙어 그 집안을 나타내는 말

　예 : 에디슨가, 김씨가

이와 같은 의미해석에는 몇 가지 의문점이 남는다. 가령 '그
것을 많이 가진 사람'의 '장서가, 자본가…'나 '그 특성을 많이 지
닌 사람'의 '대식가, 명망가…'간에는 뚜렷한 구분 기준이 없고
오히려 '많음'에 의해 하나로 통합될 가능성이 높다. '많음'을 기

준으로 이들의 의미자질을 분석해 보면 다음과 같다.

장서가 : {책을 많이 소장한} 사람

자본가 : {자본을 많이 소유한} 사람

대식가 : {음식을 많이 먹는} 사람

명망가 : {이름이 많이 알려져 있는 덕망 있는} 사람

따라서 ③과 ④는 {어기 X의 경향이 많은 사람} 하나로 통합될 수 있다. '외교가'는 외교에 능하거나 뛰어난 사람인 동시에 ①번(전문적으로 하는 사람)의 의미도 함께 가지므로 기존의 의미 분석은 재고의 여지가 있다.

이 책은 이를 근거로 그 의미를 다음과 같이 재정리하였다.

a. 문예-가, 만화-가, 수필-가, 서화-가, 법률-가, 무용-가, 기업-가, 건축-가, 서예-가, 소설-가, 외교-가, 음악-가, 작곡-가, 평론-가, 정치-가, 교육-가, 미술-가, 극작-가 ……

b. 건식-가, 건담-가, 기호-가, 골계-가, 권농-가, 웅변-가, 이재-가, 문필-가, 활동-가, 탐험-가, 자선-가, 전술-가, 등산-가, 실무-가, 연주-가, 문장-가, 애연-가 ……

c. 탐욕-가, 호사-가, 과작-가, 건망-가, 애주-가, 야심-가, 애조-가, 정력-가, 자본-가, 수완-가, 염복-가, 애처-가, 정열-가, 공상-가, 대식-가, 장서-가, 노력-가 ……

이상 용례들을 그 의미에 따라 정리하면 다음과 같다.

a. {어기 X분야의 전문 지식을 갖추고 그 분야에 영향력을 미치며 그것을 직업으로 하는} 사람

　　→ [+지식 전문 ≒ 직업], [+지명도]

b. 어기 X를 전문으로 하거나 뛰어나게 잘 하는 사람

　　→[+전문], [+능숙], [+행위성]

c. 어기의 (긍정적/부정적)특징을 많이 가진 사람

　　→[+성향][12]

a류는 '추상적 분야(지식계)의 일에 종사하며 전문성과 직업성을 겸하는 동시에 일정한 지명도가 있는 사람'의 경향이 강하다. 이 책에서의 [+지명도]는 '어떠한 분야에서 영향력을 행사하며 인지도가 있음'의 의미로 사용한다. 어기는 일반명사와 '하다'형 서술명사로 구성되었다. 예를 들면 전자(일반명사)는 문예, 만화, 수필, 서화, 법률, 무용, 기업, 건축 등이고 후자(서술명사)는 외교(하다), 평론(하다), 작곡(하다), 교육(하다) 등을 들 수 있다.

b류는 '상대적으로 구체성을 띤 분야에서 능숙함, 전문성을 보이는 사람'으로 정리된다. 어기는 주로 '하다'형 서술성 명사와 결합이 활발하다. 그 예로는 건식(하다), 활동(하다), 애연(하다), 웅변(하다), 이재(하다) 등이 있다.

c류는 '어기의 특징을 많이 가진 사람'으로 개괄된다. 어기는 '있다'형 서술성 명사가 우세하다. 예 : 탐욕(있다), 야심(있다), 자

12　접미사들에 대한 의미자질의 기술 편의를 위하여 [+행위]와 [+상태]를 묶어서 [+성향]으로 표기한다.

본(있다), 정력(있다) 등.

　'-가'의 상황적 가의 기능에 대한 논의는 정민영1997:87에서 일부 언급된 바 있다. "'-가'와 결합하여 형성된 인칭명사는 '-수'와 결합하여 형성된 인칭명사에 비하여 존칭이나 긍정적인 의미를 띠는 경우가 많다." 김종택1982:208은 *운전가, *재단가, *중개가, *도박가의 예를 들면서 "아무리 기능이 뛰어나더라도 '-家'를 쓰지 않는 것을 보면 은연 중 인격이나 덕망을 표시하고 있다는 것을 알 수 있다"라고 하였다.

　선행어와의 결합을 통하여 '-가'가 갖고 있는 긍정적 의미와 [+존대]의 가의 기능이 어떻게 실현되는지를 살펴보기로 하자.

　/훌륭한, 저명한, 위대한, 뛰어난, 탁월한, 이름난, 대단한, 유능한, 유명한, 성공한, 현명한 … /　　+ a류 (O)

　　　　　　　　　　　　　　　　　　　+ b류 (O)

　　　　　　　　　　　　　　　　　　　+ c류 (!/?)

　'-가'의 [+존대] 기능은 모든 의미자질에서 나타나는 것이 아니라 특정 자질에서만 가의기능을 하는 것으로 파악된다.

〈표 17〉 '-가(家)'의 의미자질

의미자질	실질적 의미	상황적 의미
[지식전문성≒직업]	+	[+존대]
[능숙]/[구체 전문]	+	[+존대]
[성향]	+	-

4.2.2. -공(工)

'-공(工)'은《표준》에서 '기술직 노동자'의 뜻을 더하는 접미사로 풀이하고 있고 그 예로 기능공, 선반공, 숙련공, 식자공, 용접공, 인쇄공, 전기공 등을 들고 있지만《우리말》과《국어》에서는 접미사로 간주하지 않았다.

'-공'은 '기술공인', '근로자'의 의미가 많이 남아 있다.《우리말》과《국어》두 사전에서는 인칭접미사 범주에 포괄시키지 않고 있지만 본고의 접미사 설정 기준에 비추어 보았을 때 '-공'은 당연히 연구 대상에 포함된다.

김종택1989:213의 해석에 따르면 '-공'은 "명사 아래 붙어서 그 일에 종사하는 사람을 표시한다. 그것은 특히 숙련을 요하는 분야일 것을 전제로 하며, 평범한 노동이 아님을 보인다. 물론 工人의 준말이다. 예 : 숙련공, 기능공, 배관공, 식자공, 미장공, 목공, 용접공, 직포공, 문선공"이라고 하였다.

강두철1989:34에서 '-工'에 대한 해석은 김종택1989과 대동소이한데 '육체노동에 종사하는 사람을 나타내는 대표적인 인칭접미사'라는 점이 눈에 뜨인다.

위 논의를 바탕으로 '-공'의 의미를 '육체노동에 종사하는 기술 노동자'로 정리할 수 있다.

가래-공, 가열-공, 가열로-공, 견습-공, 검차-공, 견직-공, 결선-공, 고급-공, 관리-공, 권선-공, 급수-공, 급유-공, 기계-공, 기능-공, 기대-공, 기술-공, 날염-공, 남포-공, 다기능-공, 다추-공, 단야-공, 단조-공, 대장-공, 대패-공, 대할-공, 도배-공, 도색-공, 견습-공 …

상기 용례의 공통점은 '어기 X의 기술적인 일에 종사하는 사람'이라는 점이다. 이를 의미자질로 표시하면 다음과 같다.

어기 X의 일에 종사하는 근로자 →

[+육체적 기술성], [+직업], [+신분]

〈표 18〉 '-공(工)'의 의미자질

의미자질	실질적 의미	상황적 의미
[기술성]	+	−
[직업]	+	−
[신분]	+	−

4.2.3. -광(狂)

'-광(狂)'의 접미사적 해석은 세 사전에서 각각 다르게 나타났다.

《표준》

(명사 뒤에서) 열광적으로 정신을 쏟는 사람

예 : 독서광, 연극광, 축구광

《우리말》과 **《국어》**에서는 모두 접미사로 간주하지 않았다.

강두철1989:40은 '-광(狂)'의 의미에 대해여 "어떤 명사 다음에 쓰이어 그 명사가 뜻하는 대상에 열광적인 성벽 또는 그런 사람을 나타낸다."라고 주장한다. ' - 광'은 문자 그대로 '미치다'의 뜻이지만 화자와 청자의 감정에 따라 '미친 사람'혹은 '한 분야에 열광적인 사람'의 의미를 나타난다. 예를 들면 살인-광, 서적-광, 수집-광, 음악-광 등.

김용한1996:46은 "사람을 가리키는 한자 어소로 쓰이는 '狂'은 한 가지 일에 전념하여 다른 일을 돌아보지 않는 열광적인 사람을 지칭한다. 예 : 계산광, 방화광, 살인광, 색정광, 서적광, 수집광, 애서광, 음악광, 절도광, 정치광, 종교광, 패덕광, 편집광. '狂'은 성별·존비·계층적 구별은 없고 단지 그 사람이 어떤 일에 몰입한 상태가 지나침을 나타낸다"고 하였다.

따라서 ' - 광'은 "어기 활동에 열광적으로 참여하는 사람"을 나타내는데 강정동2001:45에 의하면 "어기 활동에 직접 참가하고 문체적 제한이 없으며 비하의 의미를 가지고 있다"라고 언급하였다.

'-광'의 용례는 다음과 같다.

스포츠-광, 축구-광, 햄릿-광, 영화-광, 등산-광, 수집-광, 낚시-광, 만화-광, 애니메이션-광, 애서-광, 서적-광, 소주-광, 게임-광, 컴퓨터-광, 음주-광, 전쟁-광, 편집-광, 도박-광, 커피-광, 망상-광, 살인-광, 독재-광, 색정-광, 속도-광, 절도-광, 정치-광, 패덕-광…

'-광'의 상황적 의미는 《표준》에서의 해석을 통하여 확인할 수 있다. 그 일부를 옮기면 다음과 같다.

축구-광 : 축구에 미치다시피 열중한 사람

영화-광 : 취미 이상으로 영화를 매우 좋아하고 자주 감상하는 사람

등산-광 : 등산을 미치다시피 좋아하는 사람

애서-광 : 책을 지나치게 아끼고 사랑하는 사람

게임-광 : 컴퓨터 따위를 이용하여 전자오락을 열광적으로 즐기는 병
         적인 버릇, 또는 그런 사람

망상-광 : 망상에 잘 빠져드는 정신병. 또는 그런 사람

속도-광 : 자동차나 오토바이 따위를 고속으로 운전하면서 느끼는 쾌
         감을 광적으로 즐기는 사람

정치-광 : 정치적 야욕을 가지고 정치적인 일에 열중하는 사람

이상의 해석으로부터 '-광'은 [+비하]의 의미가 있음을 알 수
있고 의미를 정리하면 다음과 같다.

어기 X의 행위나 증상이 정도를 넘어 지나치거나 거기에 심취
해 있는 사람 → [+성향], [+비하]

<표 19> '-광(狂)'의 의미자질

의미자질	실질적 의미	상황적 의미
[성향]	+	[+비하]

4.2.4. -도(徒)

《표준》,《우리말》,《국어》세 사전에서 모두 '사람, 무리'의 뜻을 더하는 접미사로 해석하였다.

예 : 과학도, 문학도, 철학도, 화랑도, 철학도.

그 용례는 다음과 같다.

a. 개신교-도, 신교-도, 고교회-도, 구교-도, 기독교-도, 배화교-도, 불교-도, 사 교-도, 예수교-도, 이교-도, 자연신교-도, 정교-도, 천주교-도, 회교-도, 풍류-도, 풍월-도(風月徒), 국선-도(國仙徒), 원화-도(源花徒), 화랑-도(花郞徒), 반역-도 …

b. 공학-도, 과학-도, 만학-도, 문학-도, 법학-도, 어학-도, 중학-도, 초학-도 …

a류는 교회와 관련된 파생어가 대부분이며 '어떤 조직이나 단체에 소속되어 그 조직의 교리나 신앙을 따르는 사람 혹은 그런 사람들로 이루어진 집단'으로 개괄될수 있다. 그 중 '반역-도'(반역을 하거나 꾀하는 무리)는 예외적이다.

'-도'에 있어서 '교도'(敎徒) 의미의 파생용법이 비교적 활발함을 확인할 수 있다.

b류는 '학문을 배우거나 연구하는 사람'으로 해석할 수 있다. 사전에서는 '사람이나 무리'의 포괄적 표현으로 '-도'를 해석하고 있지만 '사람'과 '무리'의 구체적 분포에 대한 설명이 명확하지 않다. 모국어 화자가 아닌 제2언어습득자들의 입장에서 보

앉을 때, 이러한 의미해석은 혼란의 소지가 있다.

이 책은 어기 의미 유형에 따라 '-도'가 '사람'을 나타내기도 하고 '사람과 무리'를 동시에 나타낼 수도 있다고 판단한다.[13] 예를 들면 b류와 같은 파생어들은 무리의 의미보다 개체의 의미가 더 강하다. 이는 우리말 사전에서 나타난 의미해석을 통하여 확인할 수 있다.

'개체'의 의미를 나타내는 b류의 의미들을 고찰해 보자.

공학-도 : 공학을 전문적으로 배우고 연구하는 <u>사람</u>
만학-도 : 나이가 들어 뒤늦게 공부하는 <u>학생</u>
과학-도 : 과학을 전문적으로 배우고 연구하는 <u>사람</u>
문학-도 : 문학을 전문적으로 배우고 연구하는 사람. 주로 대학에서
　　　　 문학을 공부하는 <u>학생</u>을 이른다
법학-도 : 법학을 배우거나 연구하는 <u>사람</u>
어학-도 : 어학이나 언어학을 연구하거나 학습하는 <u>사람</u>

반대로 a류의 '-도'는 '개체의 사람'을 나타기도 하고 '무리'의 뜻도 나타낼 수 있다.

개신교-도 : 신교를 신봉하는 <u>교도</u>[14]

13　김용한(1996:49)은 "'徒'는 선행요소의 선악이나 사회적 위상과 관계없이 무리의 뜻을 나타내고 있다."라고 하였다.

14　《표준》에 의하면 '교도'는 '종교를 믿는 사람이나 그 무리'라고 해석하고 있다.

구교-도 : 구교를 신봉하는 교도. 보통은 가톨릭<u>교도</u>를 이른다

기독교-도 : 기독교<u>인</u>

배화교-도 : 배화교를 믿는 <u>사람</u>이나 그 <u>무리</u>

불교-도 : 불교를 믿는 <u>사람</u> 또는 그 <u>무리</u>

풍월-도 : 신라 때에 둔 화랑의 <u>무리</u>

반역-도 : 반역을 하거나 꾀하는 <u>무리</u>

감정적 의미 색채로 보았을 때 '-도'는 존비의 감정이 없고 중립적으로 쓰인다.[15]

이러한 고찰로부터 '-도'의 의미자질을 아래와 같이 설정할 수 있다.

a. 종교 활동에 참여하는 사람 혹은 그 집단

→[+성향(행위성)], [+개체/집 단]

b. 학문 활동에 참여하는 사람

→ [+성향(행위성)], [+개체]

이것을 도식화하면 다음과 같다.

---

15 김종택(1982:214)은 "'徒'는 무리의 뜻을 나타내고 중립적으로 쓰일 뿐 접미사 자체에는 어떤 감정이 동반되어 있지는 않은 것 같다."라고 하였다.

<표 20> '-도(徒)'의 의미자질

의미자질	실질적 의미	상황적 의미
[개체]	+	−
[개체/집단]	+	−
[성향(행위성)]	+	−

4.2.5. -민(民)

《표준》에서는 (일부 명사 뒤에 붙어) 사람, 백성, 민족의 뜻을
더하는 접미사로 수록하였고 그 예로는 유목민, 이재민, 수재민,
피난민, 실향민 등을 들고 있다. 그러나 《우리말》과 《국어》에서
는 접미사로 간주하지 않았다.

우선, 한국어에서 '-민'은 비자립적인 형태소이다. 다음, 고정
적 위치에서 다량의 'X+민'어휘를 파생시킨다. 셋째, 고정적 위
치에서 범주화된 의미를 가진다. 즉 '어떠한 특징의 사람이나 어
떤 행위를 하는 사람 혹은 그 무리'를 가리킨다.

이상의 이유로 이 책은 '-민'을 한자 인칭접미사 목록에 포함
시키고 고찰하였다.

개척-민, 거류-민, 거주-민, 귀국-민, 부역-민, 사간-민, 수복-민, 실
향-민, 離鄕-민, 입주-민, 정착-민, 철거-민, 土主-民=土着-民, 선거-민,
貧窮-민, 유랑-민, 유식-민, 영세-민, 유목-민, 의거-민, 이농-민, 이재-
민, 적탈-민, 세궁-민, 세농-민, 전재-민, 피난-민, 피란-민, 토막-민, 피
해-민, 수재-민, 한재-민, 내국-민, 자주-민, 망국-민, 새터-민, 세계-민,

부락-민, 도국-민, 농목-민, 원어-민, 자국-민, 지방-민, 지역-민, 화전-민, 억류-민, 영주-민, 예속-민, 이주-민, 재류-민, 귀화-민, 소농-민, 향토-민, 하등-민, 하층-민 …

이상 예들의 의미자질을 분석하면 다음과 같다.

어기의 행위를 하거나 특징을 가진 사람 →

[+성향], [+신분]

'-민'은 '-인'과 마찬가지로 '사람'(백성)의 의미가 남아 있으며 존비의 의미자질은 없고 중립을 나타내는 인칭접미사에 속한다.

〈표 21〉 '-민(民)'의 의미자질

의미자질	실질적 의미	상황적 의미
[성향]	+	−
[신분]	+	−

4.2.6. -배(輩)

《표준》에 의한 '-배(輩)'의 접미사적 해석은 아래와 같다.

《표준》
(몇몇 명사 뒤에 붙어서) 무리를 이룬 사람의 뜻을 더하는 접미사

예 : 불량배, 소인배, 폭력배.

《우리말》과 《국어》에서는 접미사로 인정하지 않았다.

강두철1989:37은 "'배'는 본래의 의미대로 '무리'를 나타내는 것이 일반적이다. 사전에서도 명사의 어근에 붙어 '무리'를 나타내는 말이라고 명기되어 있다. 예 : 무뢰배, 부랑배, 속학배, 협잡배, 모리배 등. 아울러 '어떤 사람, 행위자, 상태자'를 나타낸다. 예 : 선배, 후배, 賭輩, 凡輩…"라고 분석하고 있는데 '무리'와 '개체'의 구분이 확실하지 않다.

김종택1989:210-211은 "무리[-들]의 뜻을 나타내는 복수 인칭접미사로서 일반적으로 무리를 지어 작폐(작당)를 일삼는 경우에 쓰이는 경향이 있으므로 비하하는 뜻을 나타내는 것이 보통이다. 예 : 무뢰배, 협잡배, 모리배, 정상배. 이런 경우는 떼거리의 의미 그대로이다."라고 풀이한다.

김용한1996:53은 '배(輩)'에 관하여 다음과 같이 해석하였다. "同列, 同等者를 말한다. '무리, -들'의 뜻을 나타내는 복수 한자 어소로서 일반적으로는 무리를 지어 작폐(작당)를 일삼는 경우에 쓰이며 비하의 뜻을 나타내는 것이 보통이다고 한다. 그러나 비하적인 의미 없이 중립적으로 쓰이는 경우도 없지는 않다. [+비하]의 예는 간녕배, 간상배, 奸細輩, 群小輩, 꺼렁배, 무뢰배, 부랑배, 불량배, 치기배(날치기), 폭력배, 下隷輩, 下屬輩, 하인배, 하천배, 협잡배, 호서배 등이 있고 [-존비]의 예는 관료배 등이 있

다"고 지적하였다.[16]

본고에서 수집한 용례를 그 의미에 따라 분류하면 다음과 같다.

a. 간녕-배, 간상-배, 奸細-輩, 간신-배, 강탈-배, 건달-배, 관료-배, 괴
뢰-배, 도박-배, 독점-배, 망국-배, 모리-배, 꺼렁-배, 무뢰-배, 무
위-배, 무치-배, 부랑-배, 불량-배, 소인-배, 獵官-輩, 잡류-배, 정
치-배, 치기-배(날치기), 폭력-배, 침략-배, 탐오-배, 탐욕-배, 탐
정-배, 토호-배, 하인-배, 협잡-배, 호서-배, 하천-배, 관원-배, 群小
-輩, 낭인-배, 소소-배, 俗學-배, 商路-輩, 市井-輩, 잠채-배, 장사-
배, 정례-배, 정상-배, 中路-輩, 下隸-輩, 下屬-輩 …

b. 동년-배, 동접-배, 마주-배(말을 몰고 다니는 마방집 사람), 소년-
배, 약소-배, 연소-배, 중년-배, 中老-배, 평교-배

이와 같은 용례 분류를 기반으로 의미자질을 정리하면 다음
과 같다.

a. 나쁜 일을 일삼는 무리거나 비하당하는 부류의 사람 →

[+비정상성], [+비하]

b. 같은 속성을 가진 또래의 사람 →　　　[+성향]

16　김용한에서는 [-존대]의 예로 '관료배'를 들고 있는데《표준》의 해석에 의하면
관료의 무리를 낮잡아 이르는 말로서 [+비하]의 자질이 있다.

<표 22> '-배(輩)'의 의미자질

의미자질	실질적 의미	상황적 의미
[비정상성]	+	[+비하]
[성향]	+	−

'-배'는 어기 유형에 따라 [+존비]의 유표적 특징이 있다. 즉, 상황적 의미에 있어서 [+비하]의 가의 기능을 하는 것으로 간주된다.

4.2.7. −사(師)

'-사(師)'의 사전 의미는 다음과 같다.

《표준》
　　(명사 뒤에 붙어) 그것을 직업으로 하는 사람
　　예 : 도박사, 사진사, 요리사, 전도사

《우리말》
　　스승이나 고급의 전문가
　　예 : 강사, 사진사, 약사, 전도사

《국어》
　　그 일에 숙달한 사람이나 전문적으로 하는 사람
　　예 : 사진사, 이발사

이상 사전 의미를 비교해 보았을 때,《표준》의 의미가 가장 포괄적이고《국어》의 해석은 보다 구체적이라고 할 수 있으며《우리말》은 기타 두 개와 다르게 해석하고 있다.

강두철1989:34은 "'-師'는 한자어 어기에 후접하여 어떤 일에 능숙한 사람 또는 어떤 일에 전문적인 지식을 가지고 그 일에 종사하는 사람을 나타낸다"고 하였다. 그 예로 技師, 教师, 牧师, 曲艺师, 美容师, 扮装师, 料理师 등을 들고 있다. 일반적으로 '-사'는 전문가를 나타내지만 때로는 어떠한 분야에서의 모범적인 사람을 나타내기도 한다.

김종택1989:207은 "사전에 의하면 어떤 일에 숙달한 사람이나 모범적인 사람을 일컫는다."라고 하였는데 그 예들로는 이발사, 면도사, 미용사, 안마사, 요리사, 의사, 침구사, 조리사, 재단사, 도화사, 마술사, 전도사 등이 있다. 예에서 보는 바와 같이 '-師'는 정신적이든 기능적이든 전문가라는 뜻 이외에 별다른 존경의 의미가 없는 것으로 보인다."는 주장을 펼치고 있다.

두 관점은 대체적으로 일치하며 모두 '어떤 일에 능숙함', '전문성', '직업성'의 의미를 갖고 있다.

김용한1996:56에 따르면 학계나 종교계 용어 '-師'는 [+스승], [+존경]의 의미자질'을 나타낸다고 하였다. 이를 근거로 아래 직접 말뭉치에서 수집한 용례들을 분석하면 a류처럼 어떤 일에 숙달된 사람에 쓰인 '-師'는 존비와 상관없이 단지 [+전문]이 높다는 의미로 쓰인 것으로 정리된다.

a. 간호-사, 감별-사, 곡마-사, 곡예-사, 검술-사, 궁술-사, 괴뢰-사, 기

술-사, 기술-사(奇術師), 도박-사, 마법-사, 마술-사, 미용-사, 분장-사, 사진-사, 선교-사, 수계-사, 요리-사, 이발-사, 안마-사, 사육-사, 영양-사, 주술-사, 정원-사, 조련-사, 재단-사, 작명-사, 재봉-사, 접골-사, 조리-사, 치료-사, 표구-사, 조련-사…

b. 갈마-사, 감리-사, 강도-사, 전도-사, 참회-사, 보혜-사, 선교-사

위와 같은 분류를 거쳐 사전의 해석 차이에 따른 보다 정밀한 의미를 추출하고자 한다.

단음절 뒤에 결합하는 '-사/師'파생어와 달리, 2음절 어기와 결합하는 '-사/師'파생어에서는 '모범적'의 의미를 찾아볼 수 없다. 노명희2005:257의 연구에서도 1음절 어기에 결합한 '-사'는 본래의 '스승'이나 '선생'의 의미를 어느 정도 유지하고 있으나[17] 2음절 어기에 결합된 '師'는 어기 X를 직업으로 삼는 사람, X에 전문적인 사람의 뜻으로 해석되며 이때 어기로 취하는 명사는 주로 테크닉이나 기예 관련어인 것으로 보인다고 지적하였다.

이상의 사례를 통하여 '-사'의 실질적 의미를 '전문성', '직업성'으로 개괄할 수 있다.

a. 어기 X를 전문 직업으로 하는 기술인
    → [+직업], [+기술], [+자격]
b. 어기 X의 정신적 전문분야에 종사하며 그것을 직업으로 하는 사람 → [+지식 전문(종교)], [+직업], [+존대]

---

17 恩師, 敎師, 講師, 牧師, 藥師, 醫師 등.

이상의 논의를 도식화하면 다음과 같다.

```
                                              ┌─── 기술직
-師 : 어기 X를 전문 직업으로 하는 사람 ───────┼─── (직업) 자격
                                              └─── 지식전문 분야
```

구체적 기술 분야의 직업에 종사하는 3음절 '-사'파생어는 존
대의 의미자질이 없고 [+종교] 특징을 나타내는 파생어에서는
[+존대]의 가의 기능이 느껴진다.

〈표 23〉 '-사(師)'의 의미자질

의미자질	실질적 의미	상황적 의미
[직업], [자격]	+	–
[기술성]	+	–
[지식 전문성(종교)]	+	[+존대]

4.2.8. -사(士)

접미사 '-사'에 대한 세 사전의 해석은 다음과 같다.

《표준》

명사 뒤에 붙어서 '그것을 직업으로 하는 사람'을 나타낸다.

예 : 변호사, 세무사, 회계사

《우리말》

　'어떤 전문 분야의 일정한 기능과 자격을 갖춘 사람'의 뜻

　예 : 기능사, 변호사, 회계사

《국어》

　(명사 다음에) '그 일에 종사하는 사람'으로 해석된다.

　예 : 변호사, 운전사, 항해사

　이상 사전에서 나타난 '-사'의 의미는 '일정 분야의 기능과 자격을 갖추고 그 일을 직업으로 하는 사람'으로 개괄할 수 있다.

　강두철1989:33에서 "'-士'는 명사 다음에 붙어 그 일에 종사하는 사람을 뜻하는 인칭접미사이다. 즉 어떤 직업을 가진 사람, 예를 들어 운전사, 기관사, 안마사, 변호사, 세무사 등을 말한다. 그러나 '-士'는 어떠한 일에 뛰어난/능란한 사람이거나 또는 어떠한 사람을 나타내기도 한다. 예 : 義士, 居士, 信士, 傑士, 博士, 韻士, 吉士, 烈士…"라고 언급하였다. 이 중 '안마사'의 '사'는 '士'가 아닌 '師'의 오류이다. 이런 오류는 아마도 두 접미사가 공유하고 있는 '직업'의 의미 때문으로 추정된다.

　김종택1989:207은 "사전(이희승《국어대사전》)에 의하면 어떤 일에 종사하는 사람을 존대하는 뜻으로 일컫는 접미어라고 명기되어 있다. 예 : 기사, 비행사, 조련사, 중개사, 차력사, 변호사, 대서사, 지사 등. 그러나 꼭 어떤 일에 종사하는 사람만을 가리키지는 않는

것으로 보인다. 예 : 한사, 처사, 도사, 방사"라고 주장했다. 한국어 2음절 파생어는 본고의 연구대상이 아니므로 "어떤 일에 종사하는 사람만을 가리키지는 않는다."는 관점은 제외하기로 한다.

노명희2005:258에 의하면, '사/士'는 원래 '선비'를 의미했기 때문에 학문과 관련된 어기에는 '사/士'가 붙었을 것으로 예측된다. 박사, 석사에서 그 의미적 유연성을 확인할 수 있지만 2음절 어기와 결합한 파생어 기능-사, 법무-사, 변리-사, 장학-사, 회계-사 등은 '어떤 전문분야의 일정한 기능과 자격을 갖춘 사람'을 뜻한다. 따라서 '士'에는 [+직업]보다는 [+자격]이 우선적으로 부여되는 것으로 볼 수 있다고 하였다.

이상의 해석을 종합한다면 앞선 두 사람은 '-士'의 [+직업]과 [+존대]를 강조하고 후자는 [+자격]을 우선 순위로 부각시킨다.

사실 '士'에는 그 일을 직업으로 삼을 것을 요구함과 동시에 국가가 지정한 자격시험에 합격할 것을 요구하는 부류가 있고, '직업성'만 강조하는 부류도 있다. 이는 [+자격]이 반드시 [+직업]에 우선하는 것이 아니라 오히려 그 반대일 가능성을 시사한다. 왜냐하면 '-사'의 원의는 우선 '지식성'이기 때문이다. '학문과 관련된 지식'이 일반화 과정을 거쳐 사회 업종의 '기술적인 일'분야로 소급되었다. 이러한 '기술적인 일'은 '직업'과 직결되면서 의미의 고착화를 가져왔다고 볼 수 있을 것이다.

예를 들어 A, B 사이에 아래와 같은 대화가 오갔을 때 모국어 화자는 이 대화를 아주 자연스럽게 받아들인다.

A : 어떤 일에 종사하고 있습니까? 혹은 당신의 직업은 무엇입니까?

B : 기능사/변리사/법무사/장학사/회계사/조리사/조종사/감정사(鑑定
士)/세무사/속 기사/변호사/중개사/ 일을 하고 있습니다/ -입니다.

이는 '-사'파생어가 사람들에게 '종사하는 일/직업'의 의미로
자리매김하였음을 입증하는 예이다.

다음, 2차적으로 '기술직'에 대한 국가적 관심과 관리가 강화
되면서 '자격성'을 부여받게 되는데 나중에는 반드시 국가적 차
원의 시험을 통과하고 인증 받아야만 'X+士'로 불릴 수 있는 파
생어들이 급증하였다. 많은 '-사'파생어는 사회 발전에 따른 직
업의 세분화 요구를 반영한 어휘들이다.[18]

따라서 '직업성'과 '자격성'의 순위에 있어서 이 책은 '직업성'
이 앞선다는 관점을 취한다.

아래 예들을 통해서 확인해 보도록 하자.

a. 비행-사, 중개-사, 차력-사, 변호-사, 대서-사, 세무-사, 기관-사, 건
축-사, 관세-사, 기관-사, 대서-사, 도선-사, 득업-사, 설계-사, 운
전-사, 위생-사, 조종-사, 항해-사, 해기-사, 항공-사, 항법-사, 판
매-사, 통역-사, 계리-사, 회계-사, 주조-사, 국역-사, 변리-사, 어
뢰-사, 정비-사, 조타-사……

b. 국악-사, 방외-사, 서무-사, 속기-사, 제도-사, 해결-사, 통신-사, 침
술-사, 침구-사, 추포-사, 채약-사, 차력술-사, 주금-사, 주물-사, 활
공-사, 명하-사, 표재-사, 투우-사 ……

---

18 세무사, 관세사, 변리사, 설계사, 해결사, 판매사, 계리사, 법무사 등.

a. 자격을 가지고 어기 X의 일을 직업으로 하는 사람 →

[+직업 ≒ 자격],

[+존대]

b. 자격증 없이 기능직에 종사하는 사람 →

[+직업], [+기능/기술]

이러한 용례는 아래와 같은 의미로 정리할 수 있다.

'−사'의 尊卑 의미 기능에 대하여 김종택1982은 "어떤 경우라도 부정적, 비하적으로 쓰인 사례는 보이지 않으므로 가장 존경의 뜻을 나타내는 인칭접미사라고 할 수 있다. 그것은 運轉手를 運轉士로 부르거나 소개꾼을 중개사라고 부름으로써 신분 상승을 도모하는 사례에서도 드러난다."라고 밝혔다. 장위2002:26는 "−士는 어떤 경우에도 부정적, 비하적으로 쓰인 사례가 보이지 않는데 이는 아마도 한문에서 卿大夫와 덕행이 훌륭한 학자를 지칭하였다는 사실과 관련되는 것으로 보인다."라고 하였다. 따라서 '−사'의 원의[19]로부터 [+존대]의 의미 기능은 충분히 감지된다. 문제는 이런 존대기능이 전체 의미자질에서 모두 체현되는지 아니면 특정한 부분에서만 나타나는가 하는 점이다.

우선, a류는 [+직업]과 [+자격]의 의미자질을 모두 가진다. '자격성'을 획득한다는 것은 경쟁과 시험을 통과했음을 시사한다. 따라서 어떤 자격을 획득했다는 것은 타인의 존경을 받을 만한

---

19   중국어 '−士'는 '일을 잘 함 혹은 그런 사람'으로부터 '지식인'의 의미로 변화하였는데 '사, 민, 공, 상'의 4등급으로 된 서민계층의 제1위에 있었다.'이는 '−士'의 존

충분한 개연성을 포함하고 있다.

다음으로, '직업성'의 의미만 가지는 b류는 [+존대]와 共起할 만한 의미자질이 없기 때문에 [+존대]의 가의 기능을 획득하지 못한다.

〈표 24〉 '-사(士)'의 의미자질

의미자질	실질적 의미	상황적 의미
[직업 ≒ 자격]	+	[+존대]
[기술성]	+	-
[직업]	+	-

4.2.9. -생(生)

《표준》

(일부 명사 뒤에서) '학생'의 뜻을 더하는 접미사

예 : 견습생, 실습생, 연구생

《우리말》과《국어》에서는 접미사로 간주하지 않았다.

위와 같은 상이한 처리방식은 '-생'의 어휘적 의미 때문인 것

대등급이 비교적 높았음을 의미한다. 한국어 '-사'역시 초기에 학문과 관련된 사람 즉, '선비'를 나타냈다. 한국어 '-사'가 존대의 의미를 가지는 것은 지식인과 학문에 대한 존경에서 기인된 것이다.

으로 보인다. 앞서 밝혔듯이 접미사냐 아니냐는 단순히 의미의 문법화 정도로만 판단할 것이 아니라 생산력, 조어적 위치 및 고정된 위치에서의 의미 범주화, 품사 제시성 등 요소들을 종합적으로 고찰해야 할 것이다. 이러한 기준에서 보았을 때, 이 책은 《표준》에 따라 '−생'을 접미사로 인정하고 그 기능을 고찰하고자 한다.[20]

《표준》에서는 학생의 의미를 더하는 접미사로 해석하였지만 용례 검토를 통한 의미는 두 갈래로 분화된다.

a. 강습−생, 개근−생, 견습−생, 수습−생, 결석−생, 국교−생, 국비−생, 국자−생, 급제−생, 기숙−생, 대학−생, 독학−생, 동급−생, 동기−생, 동문−생 ……

b. 야영−생, 약국−생, 양성−생, 연년−생, 연수−생, 지망−생, 초년−생, 초입−생, 휴양−생, 필경−생[21], 사자−생[22], 필사−생, 보양−생[23], 문

---

20 '인명(姓)'을 나타내는 명사 뒤에 쓰인 것은 형태론적으로나 의미론적으로 파생어로 보기에는 무리가 있다고 판단되어 본고의 연구 대상에서 제외하였다.

21 필경생: 글을 쓰는 일을 직업으로 하는 사람.

22 사자생: 글씨를 베끼어 써 주는 일을 직업으로 하는 사람.

23 보양생: 보양소에서 생활하는 사람.

하–생[24], 독루–생, 기하–생[25]……, 시하–생[26], 종하–생[27] ……

이러한 용례는 아래와 같은 두 가지로 개괄할 수 있다.

a. 학생의 신분으로 배움의 단계에 처한 사람 →

[+신분(학생)]

b. 어떠한 상태(특징)에 있는 사람 →　[+성향]

이상 논의에서 우리는 예전에 '학생'의 의미로만 여겨왔던 '–생'이 '상태나 특징의 사람'의미자질도 갖고 있음을 알 수 있다. 물론 '–생'파생어에서 '학생'의미의 파생어가 숫적으로 가장 많은 비중을 차지한다.

'–생'은 무엇을 배우는 사람 혹은 젊은 사람의 의미로 쓰이므로 [+존대]의 자질을 획득하지 못한다. 지위나 연륜, 대인관계 면에서 약세에 처해있기 때문에 [+존대]의 자질과 공기관계를 형성하기 힘들기 때문이다.

24　문하생: 문하에서 배우는 제자; 권세가 있는 집안에 드나드는 사람.

25　기하생: 예전에 자기보다 신분이나 계급이 조금 높은 사람을 상대하여 자기를 낮추어 이르던 1인칭 대명사.

26　시하생: 당신을 모시는 몸이라는 뜻으로, 어버이와 비슷한 나이의 어른에게 쓰는 글월에 자기 이름자와 함께 쓰는 말.

27　종하생: 성과 본이 같은 일가들 사이에서, 말하는 이가 자기보다 나이가 많고 관직의 품계가 높은 사람을 상대하여 자기를 낮추어 이르는 1인칭 대명사.

〈표 25〉 '-생(生)'의 의미자질

의미자질	실질적 의미	상황적 의미
[신분]	+	−
[성향]	+	−

4.2.10. -수(手)

'-수'에 대한 의미 해석은 다음과 같다.

《표준》

   (일부 명사 뒤에 붙어)

   ① '그것을 직업으로 하는 사람'의 뜻을 더하는 접미사

      예 : 소방수, 타자수, 교환수, 무용수

   ② '선수'의 뜻을 더하는 접미사

      예 : 공격수, 수비수, 내야수, 외야수

《우리말》

   어떤 이름씨 뒤에 붙어 '그 일에 종사하는 사람'을 나타낸다.

      예 : 운전수, 목수

《국어》는 접미사로 간주하지 않았다.

   김종택1989:208-209은 "'手'는 어떤 일을 하는 사람을 가리키는 접

미사이다. '-수'가 쓰이는 경우는 주로 기능자나 직무자를 나타내는 것이 대부분이다. 따라서 이것은 기능자를 표시할 뿐 존경 혹은 비하의 뜻은 없는 것으로 보인다. 예 : 목수, 투수, 나팔수, 상수, 국수, 포수, 신호수, 기수, 우익수, 좌익수, 운전수 등"이라고 밝혔다.

강두철1989:34-35은 "인칭접미사로서의 '수'는 어떤 일에 종사하는 그러한 일을 하는 사람을 나타낸다. 예를 들면 기수, 목수, 가수, 등대수, 투수, 무용수, 소방수"라고 설명하였다.

노명희2005:256-257는 2음절 어기에 후접하는 '-수'는 '어떤 일에 종사하는 사람, 직업적으로 그 일을 하는 사람'이라는 의미를 가지는데 예를 들면 목수, 투수, 포수, 사수, 선수, 타수 등이 있다. 2음절 어기 뒤에서는 그 의미가 더 확대된다. 예 : 우익수, 운전수, 타자수, 보조수, 측량수, 소방수, 조타수"라고 하였다. '수'는 [+직업]의 의미자질에서 '-가(家)'와 동일한 특징을 공유하는 것으로 보이나 결합 어기가 제한적이라는 점에서 근본적으로 다르다. '수'가 취하는 2음절 어기는 명사이고 손과 관련된 명사라는 점에서 '家'가 취하는 어기와 구별되는 어휘 부류에 속한다. 이와 같이 '수'는 극히 제한된 어기만을 취하는 접미한자어로 위와 같이 굳어진 몇 개의 예에서만 발견된다."라고 하였다.

이상의 경우, 사전에서 언급한 '선수'의 의미는 2음절 어기 '-手'파생어에서 잘 드러나지 않는다.[28]

'손'의 원의가 '手'인 것만큼 그 파생어는 손과 관련된 기능직

---

28 '기수, 목수, 가수'등 1음절+수(手)'파생어는 한국어에서 단일어로 취급하므로 파생어의 예로 적절치 않다. 이와 같은 관점은《표준국어대사전》에서도 확인된다.

에 많이 쓰인다. 말뭉치와 사전에서 추출한 용례들을 통하여 그 세분화된 의미를 분류해 보기로 하자.

a. 우익-수, 내야-수, 이루-수, 삼루-수, 외야-수, 일루-수, 좌익-수, 유격-수, 중견-수, 공격-수, 수비-수 ……

b. 정조-수, 운전-수, 타자-수, 측량-수, 소방-수, 조타-수, 군악-수, 나팔-수, 대각-수, 법고-수, 호적-수, 곡호-수, 세악-수, 취고-수, 취악-수, 취타-수, 점자-수, 해금-수, 솔발-수, 궁노-수, 대포-수, 도부-수, 사격-수, 소총-수, 순령-수, 신호-수, 암호-수, 월도-수, 왜창-수, 아악-수, 농악-수, 기관-수, 등대-수, 선장-수, 장거-수, 단청-수, 무용-수, 속기-수, 전철-수, 정원-수, 착암-수, 공격-수, 자바라-수, 위악-수, 감적-수, 손풍금-수 ……

a의 대부분은 부동한 위치에 있는 야구 선수에 대한 구체적 명칭이고 b는 손과 관련된 기능직에 종사하거나 거기에 능숙한 사람을 가리킨다. 따라서 이상의 논의를 정리하여 그 대표적인 의미자질을 제시하면 다음과 같다.

a. {스포츠 운동에 종사하는} 선수 → [+신분(선수)]
b. {손과 관련된 일에 종사하는} 사람 → [+기술/육체적], [+직업]

'-수'는 구체적인 작업, 즉 수공업을 전문으로 하는 사람의 뜻

때문에 본서는 한국어 파생어 용례를 3음절(이상)로 한정한 바 있다.

을 나타내는데 고대의 '사, 농, 공, 상'의 서열('공'에 해당)로부터 보아도 그 [+존대] 의미는 낮은 편이었다. 육체노동을 중시하지 않는 사회 풍토에서 [+존대]의미를 획득하기는 더욱 힘들었을 것이다. 따라서 이 책은 '-수'의 의미를 다음과 같이 정리한다.

〈표 26〉 '-수(手)'의 의미자질

의미자질	실질적 의미	상황적 의미
[신분]	+	−
[기술성]	+	−
[직업]	+	−

4.2.11. -원(員)

세 사전에서 '-원(員)'에 대한 해석은 다음과 같다.

《표준》

(명사 뒤에 붙어서) 그 일에 종사하는 사람의 뜻을 더하는 접미사

예 : 사무원, 공무원, 회사원, 연구원

《우리말》

어떤 일을 맡아하는 사람

예 : 보조원, 수행원

《국어》

(명사 뒤에서) 어떤 일을 맡아하는 사람

예 : 간호원, 회사원, 공무원

세 사전에서 '-원(員)'의 의미는 매우 근접한 편이다. 모두 '어떤 일에 종사하는 사람' 즉 '직업'의 뜻을 가진다.

강두철1989:32은 '원'이 어떤 명사 아래 붙어서 쓰일 때, 첫째, 그러한 일에 관계되는 사람을 나타낸다. 예 : 잠수원, 일직원, 운동원, 外販員, 안내원, 승무원, 보조원, 수행원, 감시원.

둘째, 어떤 단체에 소속된 사람, 즉 구성원을 나타낸다. 예 : 조합원. 용법으로나 그 의미 기능으로 보아서 어떤 명사 아래 쓰이어 그 일에 관여하거나 또는 어떤 단체의 성원을 나타내는 사람을 뜻하는 접미사로 봄이 타당하다.

김종택1989:209은 "어떤 명사 아래 붙어서 그 일에 관여하는 사람을 표시하는 말로서 특별한 존경의 뜻이나 비하의 의도가 없이 중립적으로 쓰인다. 이것은 그저 어떤 일에 소속한 사람임을 나타낼 뿐 계급이나 신분의 표시에는 무관한 말임을 알 수 있다. 집배원, 수금원, 외판원. 이것은 중성적으로 인격만을 나타낼 뿐 신분의 표시에는 관심이 없기 때문에 여기에 존칭접미사 '-님'을 첨가하는 것은 자연스러운 것으로는 보이지 않는다."라고 주장하였다.

이상 '-원'에 대한 고찰을 통하여 '-원'은 어떤 일에 관여하는 사람을 나타내며 중립의 상황적 기능을 가진다는 점을 확인할 수 있다. 다음 용례를 통해 확인해 보자.

간호-원, 감독-원, 감사-원, 감시-원, 갑판-원, 개찰-원, 개표-원, 거래-원, 검량-원, 검사-원, **檢修-員**, **檢數-員**, 검역-원, 검열-원, 검차-원, 검침-원, 경리-원, 경무-원, 경비-원, 경호-원, 계산-원, **計數-員**, 계시-원, 계호-원, 고용-원, 곡률-원, 공무-원, 공작-원, 공회-원, 예측-원, 철길-원, 관리-원, 교도-원, 교열-원, 교정-원, 교직-원 ……

이상 '-원'파생어 대부분은 '어떤 일을 맡아 수행하는 사람'의 뜻을 가고 있고 중립적으로 쓰이며 [+존대]나 [+비하]의 상황적 의미 기능은 없는 것으로 파악된다.

'-원' : 어기 X의 일을 맡아하는 사람
→ [+직업]
→ [+기술(구체적) 전문성]

〈표 27〉 '-원(員)'의 의미자질

의미자질	실질적 의미	상황적 의미
[직업성]	+	−
[전문성]	+	−

4.2.12. -인(人)

'-인(人)'에 대한 의미 해석은 다음과 같다.

《표준》

(명사 뒤에서) '사람'의 뜻을 더하는 접미사

예 : 원시인, 종교인, 한국인, 감시인, 그리스인, 프랑스인

《우리말》과《국어》에서는 접미사로 간주하지 않는다.

《표준》을 제외한 두 사전에서는 '-인'을 접미사 목록에서 제외하고 있다. 그러나 '구체적 인간'의 의미로 사용된 '사람'과 '무엇을 하는/어떠한 사람'의 '-인'(예 : 세간인, 소작인, 수령인, 숙박인, 야만인, 영업인, 인쇄인, 자유인, 정치인, 종교인, 지성인…) 사이에는 분명 의미 차이가 있다. 후자는 의존적이며 전자에 비해 범주화된 의미를 나타낸다. 즉 '-인'은 명사 아래 붙어서 그러한 일을 하거나 그런 상태의 사람을 나타낸다.

김용한1996:65에 따르면 "'-인'은 대상의 직업이나 사회적 신분을 나타내는데 계층 간의 구별 의식 없이 단순히 사람 자체를 나타낸다고 보아야 할 것이다."라고 주장한다.

《표준》과 21세기 말뭉치에서 추출한 용례들을 의미에 따라 두 부류로 나눌 수 있다.

a. 기업-인, 수묘-인, 순염-인, 압공-인, 이공계-인, 우주-인, 감정-인, 정치-인, 광고-인, 언론-인, 연극-인, 연예-인, 영화-인, 경영-인, 변호-인, 편집-인, 발행-인, 출판-인 ……

b. 고용-인, 관련-인, 독룡-인, 망화-인, 무재-인, 사회-인, 부왜-인, 지성-인, 원거-인, 피고-인, 지식-인, 평범-인, 청죄-인, 현지-인, 현

대-인, 최귀-인, 체송-인 바리새교-인 ……

a와 b로부터 아래와 같은 의미자질을 도출해 낼 수 있다.

a. 어기에 관련된 일에 종사하는 사람 → [+직업], [+신분]
b. 어떠한 특징이나 상태에 있는 사람 → [+성향]

접미사 용법으로 쓰인 '-인'은 존비의 자질이 없으며 중립적으로 쓰인다. 말뭉치에서 '기업인'과 '지식인'을 대표적인 예로 삼아 무작위로 되는 검색을 해본 결과 선명한 존비경향이 없는 것으로 나타났다.[29] '-인'에는 실질적 어휘의미 '사람'의 뜻이 내재되어 있고 이러한 어휘적 의미의 존재는 문법적 의미 획득에 영향을 미친다. 학자와 사전에 따라 '-인'접미사 설정을 두고 견해차이가 큰 것은 바로 이런 원인 때문이다. 孫朝奮2005:20은 "서구에서는 Jerzy Kurylowicz1965:52의 문법화 개념을 모델로 삼고 있는데 그에 따르면 문법화란 한 형태소 의미 영역에 비교적 형식적인 성분이 많아지면서 점차 형식 형태소로 변화하는 것이다."라고 말했다. 이에 비춰 보았을 때, 형식적인 성분이 많아질수록 문법화 정도가 높아지고 문법적 의미 획득이 용이하다. 그러나 '-인'은 형식형태소보다 실질형태소가 우세를 점하고 있고 중심의미가 주변의미로 이행해 가는 과정에 있는 것으로 간주된다. 따

---

29 [+긍정]이나 [-긍정]의 어느 쪽과 특별히 자연스런 결합관계를 보이지 않고 전체 문장에서 '-인'파생어는 중립적인 지위에 있었다.

라서 접미사 용법으로 쓰인 '-인'은 어떠한 존대나 비하의 상황적 의미가 개입될 수 있는 개연성이 낮고 원래의 '사람'이 갖고 있던 중립적인 의미를 고수하고 있다.

〈표 28〉'-인(人)'의 의미자질

의미자질	실질적 의미	상황적 의미
[직업]	+	-
[성향]	+	-
[신분]	+	-

4.2.13. -자(者)

《표준》과 《우리말》에서의 해석은 '무엇을 하는 사람'으로 되어 있다. 그러나 《국어》에서는 '어느 방면의 일이나 지식에 능통하여 무엇을 전문적으로 하거나 또는 무엇을 하는 사람'으로 정의하였다. 후자는 전자에 비하여 '지식성', '전문성'의 의미가 첨가되어 있어 더욱 구체적이다.

'-자'는 한자 인칭접미사 중 파생력이 매우 강한 접미사이다. '-자'의 높은 생산성은 서술성 명사 어기와의 결합에서 집약적으로 나타난다. 이는 고대 중국어 'VP+者'의 용법과 무관하지 않다. 즉 '-者'가 동사(구)나 형용사(구) 뒤에 붙어서 사람을 나타내는 명사의 문법적 기능을 하였기 때문에 '어기+자(者)'구성에서 'VP型' 어기가 우세인 점은 자명한 일이다.

사전의 해석처럼 '-자'의 의미 기능을 'X를 하는 사람'하나로 총칭할 수도 있겠지만 어기의 구체적 의미에 따라 보다 세분화된 의미로 갈린다.

노명희2005:248-252는 '-자'의 의미 기능을 아래와 같이 분류, 기술했다.[30]

   a. {어기 X를 풍부히 갖고 있는 사람}

       -- 경력자, 공로자, 기술자, 실권자 ……

   b. {어기 X가 있는 사람, X를 갖고 있는 사람}

       -- 연고자, 장애자, 전과자 ……

   c. {어기 X를 생계의 수단으로 삼는 사람, X에 종사하는 사람, X를 직업으로 삼는 사람}

       -- 노동자, 노무자, 근로자, 교직자, 성직자 ……

   d. {어기 X를 전문적으로 연구하는 사람}

       -- 과학자, 국학자, 사학자 ……

   e. {어기 X인 사람, 어기 X의 특성을 가진 사람}

       -- 고령자, 노령자, 농아자 ……

그는 '부재자, 영세자, 노약자, 배우자, 보균자, 선지자, 부녀자[31]'와 같은 예들을 따로 논의하면서 이들은 '-자'의 굳어진 표현으

---

30 총 381개 용례 중 '-하다'의 어근으로 된 것은 248개로서 전체 용례의 65%를 차지한다. 노명희(2005:248)에서는 "'-자'가 특히 동작성을 지닌 어기에 생산적으로 결합한다는 것은 단순히 어기 X의 동작을 하는 사람의 조건에서만 생산성이 인정됨을 의미한다."라고 주장한 바 있다.

31 '부녀자'의 '-자'는 '-者'가 아니라 '-子'인 것으로 파악된다. 婦女子(√), 婦女者(×)

로 간주되기에 그 생산성을 인정할 수 없을 것이라고 하였다.[32]

이러한 의미 기능 분류는 형태론적 관점에 입각하였기에 의미 해석이 중복되고 유형 간의 의미경계가 모호한 것 등의 문제점을 안고 있다. 예를 들면 '비서술성 어기 명사'의 제 분류에서 어기 X를 풍부히 갖고 있는 사람, 어기 X가 있는 사람, X를 갖고 있는 사람, 어기 X인 사람, 어기 X의 특성을 가진 사람, -ㄴ 사람 등 의미 유형 사이의 차이가 불분명하다. 이들은 어기 X의 특징을 가진 사람의 의미 하나로 통합될 수 있지 않을가 하는 생각을 갖게 된다.

'-자'는 상당히 많은 수의 파생어를 생산하였지만 그 의미는 대체적으로 아래와 같은 세 부류로 나누어진다.

a. 교육-자, 철학-자, 인류학-자, 문학-자, 언어학-자, 역사학-자, 조류학-자, 과학-자……

b. 승리-자, 개척-자, 가담-자, 구속-자, 동승-자, 망명-자, 변절-자, 보호-자, 범죄-자……

c. 급진주의-자, 기회주의-자, 한탕주의-자, 국제주의-자, 군국주의-자, 민족주의-자, 비관론-자, 비평론-자, 문화쟁점론-자, 유물론-자, 진화론-자, 자연론-자 ……

이상 논의를 통하여 아래와 같이 정리를 할 수 있다.

---

32 '하다'와 결합 불가한 어기는 다른 접미한자어와 결합하여 쓰이는 예도 거의 발견되지 않아 주로 '-자'와만 결합하여 사용되는 어기로 볼 수 있다. 이는 어기 어휘 강도와 관련된 현상으로 미루어 볼 수 있다(노명희, 2005:250).

-자 : 무엇을 하는 사람 ┬ 지식 전문 분야(직업)의 사람
　　　　　　　　　　　├ 구체성
　　　　　　　　　　　└ 행위나 상태의 주체

이를 의미자질로 도식화하면 다음과 같다.

a. {어느 한 지식 전문 분야에 능통하여 그 일에 종사하고 해당
　　분야를 전문 연구하는} 사람
　　　　　　　→ [+지식 전문성 ≒ 직업], [+존대]
b. 어떤 구체적인 행위를 하거나 그런 상태에 있는 사람
　　　　　　　→ [+행위성], [+상태성]
c. 어떠한 사상이나 가치관을 가진 사람
　　　　　　　→ [+성향]

어기 의미에 대한 분석을 통하여 '-자'의 가의 기능을 다음과 같
이 개괄할 수 있다. 종래의 연구자들은 '-자'를 중립이나 일반을 나
타내는 인칭접미사로 간주하고 그 상황적 의미 연구는 생략하였
다.[33] 그러나 본고의 용례를 살펴본 바에 의하면 [+지식 전문] 의미
자질에서 '-자'가 [+존경]의 가의 기능을 하는 것으로 판단된다.

예 : 교육-자, 기호학-자, 기상학-자, 미생물학-자, 문법학-자, 사회

33　김종택(1982:206)에서는 "'-자'는 어떤 존경의 의미도 비하의 의미도 없는 중
립적인 접사로 판단된다."라고 하였다.

생물학-자, 실학-자, 신학-자, 천문학-자, 철학-자, 인류학-자, 문학-자, 언어학-자, 역사학-자, 조류학-자, 과학-자, 수학-자 ……

이들 [+존대] 기능 여부는 말뭉치에서의 분포를 통하여 확인한다. 즉, 해당 파생어와 결합하는 선행어에 대한 분석을 통하여 a류의 '-자' 선행어가 [+존대] 경향이 강하다는 점으로부터 미루어 확정지을 수 있다.

KAIST concordance program[1999.4.1]〈간단 용례 검색〉에서 '과학자'에 대한 무작위 검색 결과 [+긍정] 선행어(형용사형 관형어)가 총140회 나타났는데 [-긍정]어는 겨우 6차밖에 출현하지 않았다.[34] 그 구체적 분포는 다음과 같다.

〈표 29〉 '과학자'의 선행어 분포

	선행어	회수(차)	
[+긍정]어	위대한-	140	+과학자
	훌륭한-		
	저명한-		
	유명한-		
	뛰어난-		
	탁월한-		
	우수한-		
	성공한-		
	이름난-		
	존경받는-		
	후진-	2	
	어리석은-	1	
	완고한-	1	
	악명 높은-	1	
	악마-	1	

---

34 '과학자'를 선택한 이유는 세 사전에서 모두 '-자'의 대표적 용례로 간주하고 가장 앞 순위에 배정하였다는 점 때문이다. 이 부분에 대한 논의는 이영자(2008:5-6)를 참조.

‘과학-자’뿐 아니라 a류 기타 파생어를 이 구조에 넣어도 자연스런 결과가 얻어진다.

[+긍정] 선행어 +	기호학-자, 기상학-자, 미생물학-자, 문법학-자, 수학-자, 사회생물학-자, 실학-자, 신학-자, 천문학-자, 과학-자, 철학-자, 인류학-자, 문학-자, 역사학-자, 조류학-자, 언어학-자……

같은 언어 환경에 b류와 c류를 대입시켜 본 결과 a류와는 전혀 다른 양상이 나타났다.

훌륭한, 저명한, 위대한, 뛰어난, 탁월한 …

+ a류(O)

+ b류(!/?)

+ c류(!/?)

따라서 ‘-자’파생어들이 동일 [+긍정] 형용사와 결합하였음에도 불구하고 상이한 양상을 보이는 것은 유형별 의미자질 차이가 존재하기 때문이다. a류의 [+지식 전문] 의미 자질은 [+긍정]과의 호응도가 가장 높다. 반면에 [−지식 전문성], [+성향]등은 긍정적 의미소들을 충분히 공유하지 못하므로 그 결합이 제한적이다.

다른 한 가지 원인은 ‘N학자’의 결합구조와 관련이 있다. 완전명사 ‘학자’는 지식분야에서 높은 전문성을 인정받은, 일정한 지명도가 있는 지식인을 가리키므로 [+존대]의 정도가 높다. 이로부터 파생어 ‘N학+자’구조는 쉽게 [+존대]기능을 획득하는데 이는 b류나 c류와는 본질적으로 다른 조어적 요소에서 비롯된 것이다.

의미자질	실질적 의미	상황적 의미
[지식 전문성]	+	[+존대]
[성향]	+	−
[직업]	+	−

4.2.14. -족(族)

세 사전에서 나타나는 '-족'의 의미는 다음과 같다.

《표준》

(명사 뒤에서) 그런 특징을 가지는 사람 무리 또는 그 무리에 속한 한 사람.

예 : 얌체족, 장발족, 제비족

《우리말》

어떤 동아리나 부류의 사람

예 : 장발족, 제비족

《국어》

일부 명사 뒤에 붙어 일정한 범위를 형성하는 같은 동아리의 사람들을 뜻하는 말

예 : 히피족, 장발족

'-족'에 관하여 김용한1996:69은 "명사 밑에 붙어 일정한 범위를 형성하는 같은 종류의 사람을 뜻하는 말. 예 : 박쥐족, 제비족, 사양족(斜陽族), 사장족, 장발족"이라고 해석하였다.

장위2001:65-66는 "생활 방식이나 취미 등에서 공통적인 특징을 가지고 있는 집단, 그리고 그 집단에 속한 사람을 나타내는 말이다. 따라서 '-族'파생어는 반드시 복수(複數)의 인간을 나타내는 것만은 아니다. 대부분은 새롭게 생겨난 신조어이며 어기는 외래어가 가장 많다."라고 하였고 강정동2001:40은 인칭접미사 용법으로 쓰인 '-족'은 같은 행동을 취하는 한 부류의 사람을 가리키는 말이며 장발족, 태양족, 폭주족 등이 그 예라고 하였다.

이로서 알 수 있듯이 '-족'은 집단과 개체의 의미를 모두 가지는데 하나는 '어떠한 특징을 가진 사람'이고 다른 하나는 '그런 부류의 무리'이다. 따라서 《표준》의 용례들을 의미기준에 따라 아래와 같이 분류할 수 있다.[35]

 a. 나체-족, 박쥐-족, 스킨헤드-족[36], 얌체-족, 장발-족, 제비-족, 철새-
  족, 펑크-족, 폭주-족, 히피-족, 캥거루-족 ······

 b. 미시-족, 배낭-족, 사양-족[37], 연인접-족[38], 아베크-족[39], 오팔족, 실

---

35 본고에서는 '-족'의 접미사 용법만 고찰대상으로 삼고 '민족, 부락, 종족'등 '겨레붙이'와 같이 쓰인 경우는 논의에서 제외한다.

36 스킨헤드족: skinhead를 하고 다니는 무리.

37 사양족: 급격하게 사회가 변함에 따라 몰락한 명문 가족.

38 연인접족: 친척과 인척을 통틀어 이르는 말.

39 아베크족(avec족): 젊은 남녀의 동행, 또는 젊은 한쌍의 남녀, 특히 연인관계에

버족, 디카-족, 공시-족, 다운시프트-족, 노모-족, 니트-족, 나오미-족, 웰빙-족, 슬로비-족, 투잡-족, 딩크-족 ······

이들의 의미자질은 다음과 같이 분석된다.

a. 비정상적인 행위나 특징으로 인해 타인의 비하를 받는 사람이나 무리   →[+집단], [+성향(비정상)], [+비하]
b. 어떠한 특징이 있는 사람 혹은 집단
　　　　　　　→ [+성향(속성)], [+집단]

이 밖에도 최근 인터넷에서는 여피-족, 오렌지-족, 올빼미-족, 셀카-족 등의 용어가 많이 사용되는 것을 찾아 볼 수 있는데 '-족'의 쓰임이 상당히 생산적임을 알 수 있다. 이것은 '-족'이 가지고 있는 [+집단], [+개체], [+성향] 등 폭 넓은 의미자질 때문에 가능한 것으로 파악된다. 의미자질의 외연이 클수록 새로운 어기와의 결합이 자연스럽고 어기 선택의 폭이 넓어지기에 때문에 당연히 막강한 파생력을 가질 수밖에 없는 것이다.

<표 31> '-족(族)'의 의미자질

의미자질	실질적 의미	상황적 의미
[성향(비정상)], [+집단]	+	[+비하]
[성향], [+집단]	+	−

있는 한쌍의 남녀를 이른다. 남녀 동반, 동반 연인으로 순화.

이상 본서에서 살펴본 한국어 한자 인칭접미사의 의미 기능을 정리하면 다음과 같다.

〈표 32〉 한국어 한자 인칭접미사의 실질적 가의(加義) 기능 분포 양상

의미 기능 / 한자어 인칭접미사	전문성			성향		비정상 성향	직업성	자격성	신분성
	지식	기술	지식·기술	행위성	특징성				
-가(家)	⊕		+	+	+		+		+
-공(工)		+					+		+
-광(狂)					+	▽			
-도(徒)				+					
-민(民)				+	+				+
-배(輩)					+	▽			
-사(師)	⊕	+		+			+	+	+
-사(士)			+				+	+	+
-생(生)					+				+
-수(手)		+					+		+
-원(員)		+					+		
-인(人)					+		+		+
-자(者)	⊕			+	+		+		+
-족(族)					+	▽			

주: '○'는 '존대'의 의미를, '▽'는 '비하'의 의미를 가리킨다. 예를 들어 '⊕'는 해당 속성에 '존대'의 가의 기능이 있음을 말한다.(이하 같음)

4.3. 중국어 인칭접미사의 의미 기능

중국어 인칭접미사는 실사로부터 문법화 되어 온 것이 대부

분이다. 즉 '실사 → 의존형태소 → 의미 기능의 범주화'의 변화
과정을 거쳤다. 중국어 인칭접미사 역시 한국어와 마찬가지로
어기에 일정한 가의기능을 한다. 따라서 본 절에서는 각 접미사
들의 구체적 자질은 무엇이며 상황적 가의 기능은 어떤 조건에
서 실현되는가를 고찰해 볼 것이다. 중국어 인칭접미사의 의미
기능을 중심으로 14개 접미사의 실질적 의미와 상황적 의미를
살펴보고 그 의미 속성을 짚어보는 데 목적을 둔다.

본 절에서 인용한 의미 해석과 용례는 아래의 사전을 참조하
였다.

의미해석 부분은《现代汉语词典》2006, 용례 부분은 北京语言
大学现代汉语研究语料库, CCL말뭉치(北京大學現代汉语语
料库),《现代汉语双序词典汇编》2003年 网络版, 百度·百科(www.
baike.baidu.com- 搜索词条)등을 참조하였다.

이 부분에서는 접사적 용법에 해당하는 의미해석을 그대로
옮겨오되 해당 의미항의 순번은 사전을 기준으로 한다.[40] 이러한
처리를 통해 간접적으로나마 의미의 변화를 거친 접사화의 흔적
을 엿볼 수 있는 데 접사적 의미는 대부분 해당 한자의 제1의미
항이 아니고 의미항 서열에서 뒤쪽으로 치우친다는 학설[41]을 뒷

---

40 '-家'의 접미사 의미항은 사전에서 ④, ⑤로서 표기되었으므로 본문에서는 ①,
②로 적지 않고 사전의 표기에 따라 ④, ⑤로 한다.

41 馬慶株(1998:178): 准词缀是用于引申义即非基本义和非本义的义项的定位不
成词语素。其意义在词典中不是第一义项, 一般也不是第二义项, 义项标号总是比
较靠后的。(준접사는 파생의 즉 기본의와 본의가 아닌 의미항에 해당하며 고정적
위치에 있는 비조어단위이다. 사전에서는 제1의미항이 아니며 일반적으로 제2의미
항도 아닌 데 순번은 늘 뒤쪽에 치우친다.)

받침하고 있다.

4.3.1. -家

《现汉》

jiā(명사)

④ 经营某种行业的人家或具有某种身份的人(어떤 업종에 종사하는
인가나 모종의 신분을 가진 사람)

예 : 农家, 渔家, 船家, 东家, 行家

⑤ 掌握某种专门学识或从事某种专门活动的人(전문 학식을 갖추
고 있거나 어떠한 전문 활동에 참여하는 사람)

예 : 专家, 画家, 政治家, 科学家, 艺术家, 社会活动家

jia(접미사)

① 用在某些名词后面, 表示属于那一类人(명사 뒤에서 어떠한 부류
의 사람을 가리킨다)

예 : 女人家, 孩子家, 姑娘家, 学生家.

② 〈方〉用在男人的名字或排行后面, 指他的妻子(남성의 이름 뒤나
항렬 뒤에서 그의 아내를 가리킨다)

예 : 秋生家, 老三家

보다시피 중국어 사전에서는 경성(輕聲)으로 된 '-家'를 접미
사로 인정한다. 경성 '-家'는 전형적 접미사로서 현대 중국어에
서 그 파생력이 점점 약화되어가는 추세이며 조어능력을 거의

상실해 가고 있다. 명사로 되어 있는 家(jiā)는 중국어에서 준접미사에 해당하며 이 책의 고찰 대상이기도 하다. 'jiā'의 ⑤번 의미항은 한국어 접미사 '과학가'류와 대응관계를 보이는 형태이다. ④번은 한국어에서 여러 개 접미사와 대응된다.

农-家 : 농가, 농부
渔-家 : 어가 = 漁戶
船-家 : 뱃사공
东-家 : 자본가, 출자자, 주인
行-家 : 전문가, 숙련가

'漁家'의 '家'만 '가정'의 뜻으로 나왔고 기타는 모두 '-사람'의 의미로 해석된다. 그러나 '-家'에 있어서 활발한 파생력을 보이는 것은 준접미사 기능이 강한 3음절 '-家'파생어에 집중되어 있다. 반대로 전형적 접미사로서의 경성 '-家(jia)'는 현대에 와서 그 파생능력이 현저하게 저하되어 사전에서 제시한 몇몇 예를 제외하고는 새로운 단어를 생산해 내지 못하고 있다.

a. 资本-家, 天文学-家, 思想-家, 科学-家, 艺术-家, 文学-家, 金融-家, 哲学-家 ……

b. 鉴赏-家, 股评-家, 革命-家, 观察-家, 宣传-家, 活动-家, 冒险-家, 内当-家, 探险-家 ……

c. 梦想-家, 鼓动-家, 阴谋-家, 野心-家, 空想-家 ……

용례로부터 본 '-家'의 의미는 아래와 같이 정리할 수 있다.

a. {전문 지식을 장악하고 그 분야에 종사하되 일정한 지명도
　가 있는} 사람

　　　　　　→ [+지식 전문≒지명도], [+존대], [+신분]
b. {어기 행위를 잘 하는 사람 혹은 무엇을 전업으로 하는} 사람

　　　　　　→ [+행위], [+존대]
c. {어떠한 특징이 많은 사람}

　　　　　　→ [+특징]

　b와 c의 의미자질은 [+성향]으로 묶인다. '-家'는 '-者'에 비해
'모 기관으로부터 전문 지식과 기술을 인정받고 그 분야에 영향
을 미치는 사람'의 의미가 더욱 강하다.[42]

　a류는 [+지명도]의 의미자질에 의하여 [+존대]의 상황적 의미
를 얻는다. 여기서 가리키는 '지명도'는 [+지식 전문]에 연관된 것
이기에 긍정적인 측면에서 타인에게 이름이 알려짐과 동시에 존
대의 대상이 되기도 한다.[43] b류도 어기의 행동을 전문으로 잘한
다는 의미 속성 때문에 [+존대]의 자질을 획득한다. c류는 중립

42　翟东娜(2003)는 日·韓 두 언어에서 '문학가'와 '문학자'의 비교를 통하여 '-가'
와 '-자'사이의 차이는 결론적으로 전자는 문학영역과 창작·연구에 종사하면서 높
은 성취도와 지명도를 획득한 사람을 가리키고 후자는 문학영역에서 창작과 연구
에 종사하고 있는 사람이라고 밝혔다.

43　a류는 [+긍정]류의 형용사 '著名的, 有名的, 出色的…'등과 매우 자연스럽게 어
울린다.

적인 [+경향]의 자질을 가지므로 존대나 비하의 의미가 없는 것
으로 파악된다.

이상의 논의를 종합하면 〈표33〉과 같이 '-家'의 의미를 정리
할 수 있다.

〈표 33〉 '-家'의 의미자질

의미자질	실질적 의미	상황적 의미
[지식 전문성 ≒ 지명도]	+	[+존대]
[행위]	+	[+존대]
[상태]	+	-
[신분]	+	-

4.3.2. -工

《现汉》

① 工人和工人阶层(근로자와 근로자 계층)

예 : 矿工, 钳工, 瓦工, 技工, 女工

⑤ 工程师(공정사)

예 : 高工, 王工

현대 중국어에서 '工'은 우선 '工人'의 약칭으로 간주되는데 상
황에 따라서는 '工程師'의 약칭으로 쓰이기도 한다. 즉, 노동현장
에서 육체적인 일을 담당하는 근로자의 의미이다. 일반적으로
행위성을 띤 어기들과 결합이 자유롭다. 그 용례는 다음과 같다.

临时-工, 学徒-工, 压型-工, 二级-工, 清洁-工, 运输-工, 校对-工, 包身-工, 洗衣-工, 信号-工, 农民-工, 劳务-工, 操作-工, 砌筑-工, 暑期-工, 洗碗-工, 外来-工, 小时-工, 装配-工, 学徒-工, 搬运-工, 司炉-工, 钢筋-工, 线路-工, 固定-工, 按摩-工, 扳道-工, 油漆-工 ……

육체노동에 비해 정신노동을 높이 평가하는 사람들의 인식 때문에 육체노동에 참여하는 '-工'에는 존비의 의미가 없다. 따라서 다음과 같이 의미자질을 추출하고 정리할 수 있다.

{육체노동에 종사하는 기술 근로자}

→ [+직업], [+신분], [+ 기술(육체적)]

〈표 34〉 '-工'의 의미자질

의미자질	실질적 의미	상황적 의미
[직업]	+	−
[신분]	+	−
[기술성]	+	−

4.3.3. -狂

《现汉》

① 精神失常, 疯狂(정신이상, 미치다)

예 : 疯狂; 丧心病狂.

접미사 용법의 용례는 ①번에 해당하며 다음과 같은 예가 있다.

暴露-狂, 虐待-狂, 色情-狂, 杀人-狂, 战争-狂, 偏执-狂, 跟踪-狂, 行凶-狂, 悖德-狂, 足球-狂, 电脑-狂, 工作-狂, 购物-狂……

이상 예들은 '무엇에 미치다'의 의미로 개괄할 수 있는데 그 자질은 다음과 같이 정리된다.

{어떠한 비정상적인 행위나 상태에 빠져 있는} 사람

→ [+비정상 성향], [+비하]

'-狂'은 '미치다'의 실질적 의미로부터 [+비하]의 상황적 의미를 획득한다.

〈표 35〉 '-狂'의 의미자질

의미자질	실질적 의미	상황적 의미
[비정상 경향]	+	[+비하]

4.3.4. -徒

《现汉》에서는 '徒1'와 '徒2' 두 가지 의미를 제시하고 있는데 '徒₁'은 '도보, 비다, 이것 하나, 헛되다' 등 의미로서 본고의 고찰 대상에서 제외된다. '徒2'의 일부가 접미사적으로 쓰였는데 그 의미항들을 살펴보면 다음과 같다.

徒₂

② 信仰某种宗教的人(어떠한 종교를 신앙하는 사람) 예 : 佛教徒

③ 同一派系的人(贬义)(동일 파벌의 사람 〈비하〉) 예 : 党徒

④ 指某种人(어떠한 사람 〈비하〉) 예 : 酒徒, 赌徒, 不法之徒, 好事之徒

그 용례들을 다음과 같이 분류할 수 있다.

a. 叛-徒, 奸-徒, 囚-徒, 匪-徒, 赌-徒, 恶-徒, 党-徒, 暴-徒, 歹-徒, 酒 -徒, 刁-徒, 亡命-徒 ……

b. 信-徒, 教-徒, 僧-徒, 耶-徒, 圣-徒, 禅-徒, 神教-徒, 佛教-徒, 清教 -徒, 宗教-徒, 道教-徒, 基督-徒, 新教-徒, 印度教-徒, 伊斯兰教- 徒, 犹太教-徒, 基督教-徒, 百莲教-徒

a. {어떠한 비정상적 상태/특징이 있는} 사람

→ [+비정상적 성향], [+비하]

b. {특정 종교를 신앙하는} 사람

→ [+성향(행위)]

앞서 살펴본 〈표 16〉의 한국어 '-도'와 비교할 때 중국어에서는 '어떤 학문을 연구하고 배우는 사람 혹은 그런 무리'의 의미가 거의 나타나지 않는다. 북경대학 말뭉치(6억여 어절) 검색결과 '文學徒, 科學徒'등과 같은 용례는 한 차례도 나타나지 않았다. '學徒'는 쉽게 찾을 수 있었지만 그 의미 역시 한국어와 아주 다르다.[44] 때문에 중국어에는 [+지식 전문] 의미자질이 없는 것으로 판단되며 〈표 36〉에는 [+비하]의 의미가 있지만 〈표 20〉(133쪽)에는 이러한 의미가 없다. 이로부터 중국어 '-徒'의 의미 등급은 한국어 '-도'에 비해 낮음을 알 수 있다.

또 한 가지 선명한 특징은 한국어 '-도'는 '집단이나 개체'의 의미를 가지고 있지만 중국어는 '개체'의 의미만 있다는 점이다.

이러한 논의를 바탕으로 '-徒'의 의미를 다음과 같이 정리할 수 있다.

〈표 36〉 '-徒'의 의미자질

의미자질	실질적 의미	상황적 의미
[비정상적 성향]	+	[+비하]
[성향]	+	−

---

44 '學徒': 在商店里学做买卖或在作坊，工厂里学习技术的年轻人(가게에서 장사를 배우거나 수업공장, 공장에서 기술을 배우는 젊은이) '학도': 학생, 학문을 닦는 사람을 가리킨다.

4.3.5. -民

《现汉》에서의 의미는 다음과 같다.

② 指某种人(어떠한 부류의 사람)
　例：藏民, 回民, 农民, 渔民, 牧民, 居民, 侨民

　한국어에서 '-민'은 접미사로 간주하지만 중국어 학계에서는 준접미사와 어근사이에 있는 결합도가 높은 의존형태소로 간주한다. 위 사전적 의미에서 접미사적으로 쓰인 의미항은 ② 번이다. '-民'에는 '인민'의 뜻이 많이 남아 있지만 자립적으로 쓰이는 경우가 드물며 다른 어근 뒤에 붙어서 '어떠한 사람'의 의미를 나타낸다. 이러한 특징은 본고에서 설정한 (준)접미사 기준에 부합되므로 연구대상에 넣어 고찰하고자 한다.[45]
　아래의 용례를 통하여 그 의미를 살펴보자.

　a. 饥-民, 平-民, 难-民, 灾-民, 贫-民, 顽-民, 富-民, 寡-民, 贼-民, 新
　　-民, 黎-民, 惰-民, 移-民, 试-民, 客-民, 选-民, 流-民(流浪民), 网-
　　民, 教-民, ……

45　'-民'은 중국어에서 2음절 파생어 형식으로 많이 존재한다. 일부는 파생어와 복합어 사이에서 오가는 부동(浮動)의 대상으로 인식되는데 이것은 '-민'이 기타 인칭 접미사에 비해 문법화의 정도가 낮기 때문인 것으로 해석된다. 沈猛瓔(1986:95)은 현대 중국어에서 어휘의 3음절화는 파생어 신어의 선명한 특징으로 나타나고 있다고 하였다.

b. 漁-民, 猎-民, 畜-民, 牧-民(游牧民) ……

용례를 바탕으로 '-民'의 의미를 다음과 같이 정리할 수 있다.

a. {어떠한 상태나 특징의} 사람　　→ [+상태], [+신분]
b. {어떠한 일을 하는} 사람　　　　→ [+행위], [+신분]

위 분석은 〈표 37〉과 같이 도식화할 수 있다.

〈표 37〉 '-民'의 의미자질

의미자질	실질적 의미	상황적 의미
[성향]	+	−
[신분]	+	−

〈표 37〉의 의미자질은 〈표 21〉(본문 135쪽)과 일치한 분포를 보인다. 이것은 한·중 '-민(民)'은 동일한 의미자질을 가지고 있으며 그 용법에서도 차이가 없음을 나타낸다.

4.3.6. -辈

《现汉》의 해석은 아래와 같다.

② 〈书〉等; 类 (指人)(등급, 한 부류의 사람)

예 : 我輩, 无能之辈

《現汉》에는 모두 3개의 의미항이 있지만 그 중 열거한 ②번 의미항이 접미사적으로 쓰인 것이다. 말뭉치에서 검색해낸 기타 접미사 용례는 奴-輩, 鼠-輩, 随-輩, 贼-輩, 贤-輩, 元-輩, 鼠狗-輩 등과 같다.

'-輩'의 용례는 기타 13개 접미사 중 가장 적은 수를 보이고 거의 전부가 2음절 용례들로만 이루어졌다. 이러한 낮은 생산성과 단음절 용례의 보편화는 '-輩'역시 단어화 정도가 높은 '-民'과 같은 양상을 보이지만'-民'에 비하면 그 문법화 정도가 훨씬 낮은 것으로 파악된다.

'-輩'의 의미는 다음과 같다.
{어떠한 특징을 가진 한 부류의} 사람 → [+성향]

이를 도식화하면 다음과 같다.

〈표 38〉 '-輩'의 의미자질

의미자질	실질적 의미	상황적 의미
[성향]	+	-

〈표 22〉(본문 138쪽)에서 나타난 한국어 '-배'는 [+비정상적 성향]과 [+성향]의 실질적 의미자질과 [+비하]의 상황적 의미자질을 가지는데 중국어는 〈표 38〉에서 보다시피 [+성향] 하나로

만 나타나는 차이점을 보인다.

4.3.7. -师

'师'의 의미를 사전에서는 '师1'과 '师2'로 나누어 설명하고 있는데 '师2'는 '군사'의 의미로서 본고의 인칭접미사 범위에서 제외된다.

师₁
③ 掌握专门学术或技艺的人(전문 학술지식과 기예를 장악한 사람)
　　예 : 工程师, 技师, 医师

본고의 연구대상으로 되는 '师1'의 해석에서 ③번 의미항이 접미사 용법으로 쓰인 것이다. 그에 해당하는 예들은 아래와 같다.

　a. 工程-师, 会计-师, 分析-师, 股评-师, 营养-师, 理财-师, 策划-师, 建造
　　 -师, 物流-师, 设计-师, 造型-师, 精算-师, 陈列-师, 电子商务-师……
　b. 化妆-师, 魔术-师, 摄影-师, 雕刻-师, 理发-师, 录音-师, 美容-师,
　　 农技-师, 服装-师, 咖啡-师, 美甲-师, 酿酒-师, 园林-师, 催乳-师,
　　 洗衣-师……

이는 다음과 같은 의미로 개괄된다.

a. 어떤 분야의 전문 지식을 장악하고 그것을 직업으로 삼는 사람

　→ [+지식 전문성 ≒ 직업], [+자격], [+신분]

b. 구체적 기예나 기술 자격을 갖추고 일에 종사하는 사람

　→ [+구체 기술성 ≒ 직업], [+자격]

'-师'에서 '지식 전문'자질의 직업에 종사하는 사람들은 [+존대]의 의미를 부여 받는다. 그러나 '구체적 기술'은 중립적인 것으로서 특별히 존대나 비하의 의미가 없는 것으로 간주된다. [+지식 전문성 ≒ 직업]의 의미자질은 사회적 신분과 직결되며 비교적 높은 층위에 있는 사람을 가리키므로 [+신분]의 자질도 공유한다.

〈표 39〉 '-师'의 의미자질

의미자질	실질적 의미	상황적 의미
[구체 기술성 ≒ 직업]	+	-
[지식 전문성 ≒ 직업]	+	[+존대]
[자격]	+	
[신분]	+	-

〈표 23〉(본문 141쪽)의 '-사(師)'와 〈표 39〉를 대조 해 볼 때 중국어 [+지식 전문]의 상황적 의미 자질은 한국어와 상호 배타적인 분포를 보인다.

4.3.8. -士

《现汉》에서 '-士'의 의미 해석은 다음과 같다.

⑥ 指某些技术人员(기술인원을 가리킨다)
예 : 医士, 护士, 技士, 助产士

접미사 용법은 ⑥번에 해당하는데 그 용례들은 3음절보다 2음절에서 많이 나타났다. 이것은 아마도 '-士'의 기능이 고대 용법에 많이 종속되어 있는 까닭일 것으로 추정된다. 즉, '단음절+접미사'의 결합 형식은 5·4운동 전후로 중국어 어휘 2음절화(雙音節化)에 지대한 영향을 미친 생산적인 조어 방식이다. 그러나 현재에 와서 이러한 조어방식은 그 생산성이 크게 약화되었고 많은 (준)접미사들이 2음절 어기와 결합하여 파생어 '3음절화' 추세에 있다. 특히 새로운 접사화 과정을 거쳐 파생된 신어는 이런 특성이 더욱 강하다. 그러나 '-士'를 비롯한 '-民', '-徒', '-輩', '-狂'등 접미사들은 접사화가 많이 발달되지 못한 까닭에 의연히 단음절 어기와의 조어방식을 고집함으로써 그 파생능력도 매우 제한적일 수밖에 없다. 반대로 '-家, -者, -工, -生, -员, -手, -师, -员, -族'등 접미사들은 3음절 파생 방식을 취하며 높은 생산력을 보이고 있다.

  '-사'의 용례는 다음과 같다.

a. 贫-士, 杰-士, 真-士, 习-士, 通-士, 俊-士, 八-士, 淑-士, 慧-士, 怯 -士, 虎-士, 茂-士, 恒-士 ……

b. 画-士, 助产-士, 辩护-士, 角斗-士, 斗牛-士, 传教-士, 卫道-士, 修道-士, 魔导-士, 方外-士 ……

a. {어떠한 특징이나 상태의} 사람　　→ [+성향]

b. {일정한 자격으로 어떤 일에 종사하는} 사람

　　　　　　　　　　　→ [+자격], [+직업]

‘-士’는 고대에서 [+존대]의 의미 기능으로 사용되었으나 현대에 와서는 그 기능이 약화되어 선명한 의미자질로 나타나지 않는다. 예를 들면 고대에서 ‘名-士、信-士、介-士, 直-士 …’등은 ‘존경’을 나타냈고 이것은 ‘-士’의 原義인 일을 잘하는(사람)과 연관된 것으로 보인다.

〈표 40〉 ‘-士’의 의미자질

의미자질	실질적 의미	상황적 의미
[자격]	+	-
[직업]	+	-
[성향]	+	-

흥미로운 점은 한국어 ‘-士’가 중국어에서 ‘-師’로 나타나는 경향이 있다.

예 : 건축사(建筑士)-建築師, 영양사(营养士)-营养师, 회계사(會計

士)-会计师, 증권분석사(證券分析士)-证券分析师, 변호사(辯護
士)-律 师

한국어 '-사(士)'와 중국어 '-师'는 [+직업]과 [+자격]에서 동질
성을 갖는다. 양 접미사는 동일 의미 분야에서 교체양상을 보이
기 때문에 이러한 현상은 제2언어 한국어와 중국어 학습자들의
어휘 습득에 있어서 '-师'와 '-사(士)'의 혼용이 우려된다.

4.3.9. -生

'生'은 《现汉》에서 4가지 표제어로 나왔는데 본고와 연관된
것은 '生₃'의 해석이다.

生₃
① 学习的人, 学生(공부하는 사람, 학생)
   예 : 招生, 毕业生
② 旧时称读书人(옛날 공부하는 사람을 이른다)
   예 : 书生
③ 戏曲角色行当, 扮演男子, 有老生, 小生, 武生等区别(희곡의 극중
   배역에서 남자로 분장한 사람, 노생, 소생, 무생으로 구분된다).
④ 某些指人的名词后缀(어떠한 사람을 가리키는 명사 접미사)
   예 : 医生

이런 의미해석은 아래와 같은 문제점들을 안고 있다.

첫째, ①번과 ②번은 모두 '공부를 하는 사람'으로 해석된다. ②번에서 '고대'라는 한정어를 붙임으로써 ①번과의 차이를 시도하였는바 현대에 와서 그 의미가 변화되었을 것이라는 착각만 주었지 실제 의미 변화는 없다. 하나의 표제항 아래에 두 개의 비슷한 의미항이 존재한다면 어휘의 변별력은 그만큼 떨어지기 마련이다.

둘째, ④번 '사람을 가리키는 명사 접미사'의 의미항과 ①, ②번 사이의 관계를 어떻게 볼 것인가 하는 문제이다. ①번의 공부를 하는 사람 즉, 학생과 졸업생; ②번의 고대 공부하는 사람의 '书生'등에 나타난 '生'이 医生의 '生'과 어떻게 다른가 하는 문제가 제기된다. 동형한자가 고정 위치에서 똑같이 사람의 의미를 나타내는데 ④번만 접미사라고 명시한 것은 그 근거가 확실하지 않은 것으로 보인다.

이 책은 해당 용례들을 다음과 같이 분류하고 그 의미를 재조명하고자 한다.

a. 学-生, 新-生, 考-生, 书-生, 后-生, 儒-生, 童-生, 女-生, 男-生, 研究-生, 毕业-生, 留学-生, 值日-生, 寄宿-生, 离校-生, 转学-生, 通学-生, 大学-生, 小学-生, 中学-生, 本科-生, 高中-生, 自费-生, 航信-生, 中专-生, 初中-生, 高年级-生, 实习-生, 高才-生, 见习-生, 免费-生……

b. 医-生, 小-生, 老-生, 可怜-生, 互惠-生, 娃娃-生 ……

이들의 의미자질을 정리하면 아래와 같다.

a. 어기 X의 특징의 학생   → [+신분(학생)], [+성향(특성)]

b. 어기 X의 특징이 있는 사람   → [+성향(특성)]

'-生'은 '학생'의 의미가 강하고 존비에 있어서는 중립적임을 알 수 있다.

〈표 41〉 '-生'의 의미자질

의미자질	실질적 의미	상황적 의미
[성향]	+	−
[신분(학생)]	+	−

4.3.10. −手

《**现汉**》에서의 의미해석은 다음과 같다.

⑦ 擅长某种技能的人或做某种事的人

　(어떤 기능에 능통하거나 어떤 일을 잘 하는 사람)

　예 : 选手, 能手, 拖拉机手

연구대상에 해당되는 접미사 용법은 ⑦번 의미항이다. 그러나 凶手, 杀手, 扒手 등과 같은 단어들은 어느 의미항에도 귀속되기 힘들다. 이들의 접미사적 용법을 인정한다면 위 해석은 재고의 여지가 있다고 판단된다.

　말뭉치를 통한 아래 용례를 통하여 '-手'의 의미 기능을 고찰해 보자.

a. 歌-手, 猎-手, 枪-手, 弩-手, 旗-手, 炮-手, 纤-手[46], 舵-手, 驭-手[47],
   骑-手, 鼓-手, 水-手, 号-手, 棋-手, 选-手, 射-手, 霹雳-手[48], 神枪
   -手, 三面-手, 多面-手, 操盘-手, 射雕-手, 弓弩-手, 丹青-手, 爆破
   -手, 吹鼓-手, 拖拉机-手, 轮机-手, 红旗-手, 火炬-手, 左右-手, 得
   分-手, 主攻-手, 搏击-手, 弓箭-手, 二垒-手, 游击-手, 摔跤-手, 副
   攻-手, 相扑-手, 赛车-手……
b. 国-手, 作-手[49], 好-手, 妙-手[50], 强-手, 快-手, 老-手, 能-手, 高-手,
   一把手, 二把-手, 下-手, 帮-手, 生-手, 新-手, 副-手, 凶-手, 杀-手,
   扒-手, 刽子-手 ……

이들에 대한 의미자질을 분석하면 다음과 같다.

a. 어떤 기예나 스포츠 항목에 전문 종사하며 그 技能에 능한
   사람   → [+기술(구체적) 전문성], [+직업]
b. 어떠한 성향의 사람 → [+성향]

---

46 纤手 : 指给人介绍买卖等从中谋利的人(매매를 알선해주고 그 가운데서 이익
        을 챙기는 사람); 拉船的人; 同纤夫基本词义(배를 끄는 인부).
47 驭手 : 使役牲畜的士兵(가축을 부리는 사병).
48 霹雳手 : 谓断案敏捷果断的能吏(사안을 민첩하고 과단하게 처리하는 능력 있
        는 관리)
49 作手 : 指在内室之外当差的佣人(내실에서 시중들던 심부름군)
50 妙手 : 技能高超的人(기예나 능력이 출중한 사람)

‘一把手, 二把手’와 같은 신조어들은 ‘어떤 조직의 책임자’를 가리킨다.

‘-手’파생어는 인체의 손과 연관된 행위로부터 시작하여서 오늘날에도 [+구체성] 경향이 뚜렷하다. 손으로 시작하는 것은 대개가 육체적인 일과 연관되므로 존대의 의미가치를 가지지 못하지만 특별한 비하의 의미도 없다.

〈표 42〉 ‘-手’의 의미자질

의미자질	실질적 의미	상황적 의미
[기술 전문성]	+	-
[성향]	+	-
[직업]	+	-

4.3.11. -员

《现汉》의 해석은 다음과 같다.

① 指工作或学习的人(일이나 공부를 하는 사람)

　예：教员, 学员, 演员, 职员, 炊事员, 指挥员
② 指团体或组织中的成员(단체나 조직의 성원을 가리킨다)

　예：党员, 团员, 会员, 队员

사전에서 본 ‘-员’의 접미사 용법은 ①번과 ②번 의미항이다. ‘-员’은 주로 일, 공부 그리고 어떠한 조직의 일원 등 세 부류 사람을 나타내는 것으로 풀이되고 있다. 아래 용례들을 통하여 그 의미를 고찰하도록 한다.

a. 会-员, 党-员, 团-员, 学-员, 官-员, 成-员, 科-员, 组-员, 职-员, 社-员, 队-员, 阁-员, 议-员, 店-员, 海-员, 球-员, 船-员, 演-员, 译-员……

b. 专-员, 伤-员, 病-员, 盟-员, 要-员, 随-员, 雇-员 ……

c. 扳道-员, 传呼-员, 打字-员, 推销-员, 仓务-员, 轮机-员, 营业-员, 列车-员, 广播-员, 理货-员, 服务-员, 管理-员, 通讯-员, 采购-员, 簿记-员, 话务-员, 按摩-员, 调度-员, 运动-员, 售票-员, 护林-员, 驾驶-员, 测量-员, 放映-员, 投递-员, 保健-员, 邮递-员, 通信-员, 管林-员, 炊事-员, 保育-员, 报幕-员, 乘务-员, 警卫-员, 抄写-员, 保管-员, 领港-员, 调度-员, 理发-员, 林务-员, 事务-员, 交通-员, 招待-员, 守门-员, 挂号-员, 潜水-员, 讲解-员, 跳伞-员, 运货-员, 饲养-员, 传达-员……

c'. 研究-员, 调研-员, 导航-员, 程序-员, 观测-员, 航天-员, 标图-员, 辅导-员, 飞行-员, 参议-员, 宇航-员, 出纳-员, 特派-员, 裁判-员, 领航-员, 评论-员, 办事-员, 公务-员, 承审-员, 陪审-员, 统计-员, 技术-员, 特派-员, 税务-员, 教练-员……

c''. 指战-员, 指挥-员, 司令-员, 观察-员, 谍报-员, 指导-员, 联络-员, 侦查-员, 教导-员 ……

이를 용례의 의미자질을 정리하면 다음과 같다.

a. 어떠한 집단 속의 한 사람   → [+개체]
b. 어떠한 특징의 사람   → [+성향]

c. 구체적·단순 노동을 전문으로 하는 사람

→ [+(구체/단순 노동) 기술 전문], [+직업]

c'. 지식 전문성을 갖추고 기술적인 분야의 일에 종사하는 사람

→ [+지식·기술], [+신분]

c". 군사적 분야의 일에 종사하는 사람

→ [+직업(군사)]

c"의 司令员은 군대집단에서 고위직에 있는 사람[51]을 나타내는데 '-员'의 기타 의미 특히 a류와 대조적이다. 이것은 어기의 '司令'에 의한 것으로 파악되는데 '일부 나라에서 군사를 주관하는 사람'을 가리키는 전문용어로 司令을 쓴다. '司令'의 원의에 사람표시 '-员'을 덧붙여 '사령원'이 되었지만 어기의 핵심적 의미는 여전히 남아있다. c"의 기타 예들은 집단에서의 지위가 보통이거나 낮은 사람을 가리킨다.

'-员'의 의미는 어느 한 개체가 소속 사회 집단 층에서 처한 지위, 단순노동과 기술노동의 의미가 겹치면서 상황적 의미 기능이 중화되어 중립적이다.

〈표 43〉 '-员'의 의미자질

의미자질	실질적 의미	상황적 의미
[+성향]의 [집단 속 개체]	+	−
[직업]	+	−

---

51   中国人民解放军中负责军事工作的高级指挥人员, 如军区司令员, 兵团司令员(중국인민해방군고위층지도자, 예 : 군구사령원, 병단사령원)

의미자질	실질적 의미	상황적 의미
[(구체)기술 전문]	+	−
[지식·기술전문]	+	−

4.3.12. −人

《**现汉**》의미해석은 다음과 같다.

④ 指某种人(어떠한 사람)
　예 : 工~, 军~, 介绍~

아래는 접미사적으로 쓰인 '−人' 용례이다.

a. 周旋−人(随从, 门客; 朋友), 身边−人, 伐柯−人(媒人), 鬼媒−人[52], 未亡
−人, 过来−人, 门外−人, 丁村−人, 中间−人(居间介绍, 调停或作证的
人), 介绍−人, 代言−人, 候选−人, 债务−人, 债权−人, 出家−人, 北方−
人, 半边−人(丈夫已去世的妇女), 受保−人, 合伙−人, 城里−人, 外星−
人, 带路−人, 手下−人, 捉刀−人(原指曹操, 后称代人作文字为"捉刀
人"), 接班−人, 普通−人, 牧羊−人, 犹太−人, 监护−人, 知情−人, 穴居−
人, 继承−人, 自家−人, 见证−人, 读书−人, 被保护−人, 被保险−人, 证

52　鬼媒人: 为已死的未婚男女做媒的媒人就叫做鬼媒人. (이미 죽은 미혼 남녀들
을 위하여 중매를 서주던 사람.)

婚-人, 辩护-人, 驯马-人, 被告-人, 保险-人, 出资-人 ……

b. 有心-人, 风流-人, 水晶-人, 中年-人, 年轻-人, 当事-人, 心上-人, 急性-人, 成 年-人, 掘墓-人, 残疾-人, 陌生-人, 阴阳-人……

c. 音乐-人, 制片-人, 管理-人, 外汇-人, 电视-人, 审稿-人, 经纪-人, 主持-人, 电影-人 ……

이상 용례들의 의미자질을 정리하면 다음과 같다.

a. 어떤 신분의 사람　　　　→ [+신분]
b. 어떠한 특징의 사람　　　→ [+성향]
c. 어기 분야의 일에 종사하면서 그것을 직업으로 하는 사람
　　　　　　　　　　　　→ [+직업]

　그리고 '-人'은 보통 일반성을 띤 사람을 나타낸다. 일반성을 띤 사람 의미에는 존대, 비하와 공기하는 자질이 없기에 상황적 의미는 없는 것으로 간주된다.

〈표 44〉 '-人'의 의미자질

의미자질	실질적 의미	상황적 의미
[신분]	+	-
[성향]	+	-
[직업]	+	-

4.3.13. -者

중국어에서 '-者'는 형용사, 동사, 동사구, 절 뒤에 붙어서 'X+者'구조를 이루는데 사람이나 사물, 사건을 가리킨다.

사전《现汉》에서 '-者'의 의미는 다음과 같다.

① 用在形容词, 动词或形容词性词组, 动词性词组后面, 表示有此属性或做此动作的人或事物(형용사, 동사 혹은 형용사구나 동사구에 붙어서 그러한 속성을 가지거나 어떤 행위를 하는 사람이나 사물을 가리킨다.)
   예 : 强者, 作者, 读者, 胜利者, 未渡者, 卖柑者, 符合标准者
② 〈助〉用在某某工作, 主义后面, 表示从事某项工作或信仰某个主义的人('~주의'뒤에서 어떠한 일에 종사하거나 어떠한 신념을 추구하는 사람)
   예 : 文艺工作者, 共产主义者

①번에서 '어떠한 사람이나 사물'을 가리킨다고 하였지만 '사물'의 예는 보이지 않는다. 李华2003:42는 "현대 중국어에서 어휘화한 '-者'의 구성 대부분은 사람을 가리키는데 사전[53]통계에 의하면 '-者'로 끝난 어휘 26개 중 '或者'를 제외한 나머지는 전부 사람을 나타낸다"라고 하였다. 이것은 '-者'가 기존에 사물과 사

---

53 《倒序现代汉语词典》(1987) 商务印书馆.

람을 가리키던 데로부터 현대 중국어에 와서 점차 의미축소의
변화를 거쳐 전문화된 '사람'을 나타나는 쪽으로 변화하였음을
시사한다.

段沫2008:41-42는 "현대 중국어에서 '者'용법의 변화는 옛 것에
서 온 것보다 더 많다. 고대 화용론 층위의 화제 표지가 조어 층
위의 접사와 준접사로 변화하였다. 준접사 '-者'는 转指[54]의 과정
을 거쳐 사람을 기술하는 표지로 자리 잡았다. 이런 부류의 X+
者'형태는 개방적이며 구조규칙에 의하여 신조어를 유추해 낼
수 있는데 그 용례를 전부 집계한다는 것은 불가능한 일이다. 아
울러 'X+者'구조는 다른 단어들과 결합하여 새로운 단어를 파생
해 낸다.[55]"라고 하였다.

의미상 'X+者'는 '전문'의 뜻이 있고 대부분 '어떠한 사람/ ~的
人'으로 해석된다. 'X+者'에서 'X'는 서술성을 띤 구조로서 VP,
AP하고만 결합하는 제한성이 있다. '-者'에 선행하는 NP는 주로
사상관념이나 정신적 경향, 行業계층의 추상적 명사들이다. 王
茂春2005에 의하면 "비서술성 동사(非述人動詞)는 'VP+者'구조
에 들어갈 수 없다. 아울러 서술성 동사 중 동사성이 강할수록 자
립성이 높고, 단일방향성이 선명할수록 'VP+者'구조에 들어가기

54　转指: 陆俭明在《八十年代中国语法研究》(1993:98)中对自指和转指描述是: 自
指单纯是词性的转化－有谓词性转化为体词性, 语义则保持不变; 转指则不仅词
性转化, 语义也发生变化, 由指行为动作或性质本身转化为指与行为动作或性质
相关的事物.

55　冯敏萱(2005)에서는 '者'가 종합적 조어능력이 가장 강한 3개 접사 가운데 하
나라고 밝힌 바 있다.

쉽다. 'AP+者'의 형용사성 구조에서 어기 'X'는 주로 서술성을 띤 성질형용사가 담당한다."라고 하였다.

'者'는 대부분 사람을 가리킨다. 선행어기 형태를 보면 명사는 본래 지칭의 기능이 있기에 따로 '者'를 사용하지 않고도 인칭의 기능을 할 수 있다. 따라서 'NP+者'구조는 비생산적인데 제한된 몇 개 유형의 'NP+者'는 주로 어떠한 사상 관념이거나 정신적 경향을 가지며 모 업종에 종사하는 사람을 나타낸다. 'VP+者'와 'AP+者'구조는 'X+者'의 주요 구성체이다. 그것은 대부분 VP, AP는 自指의 표현일 뿐, 转指의 기능을 하려면 강제적인 표지가 수요 되기 때문이다. 'VP+者'에서 '者'는 转指된 동작, 행위의 주체이다. 'AP+者'의 의미는 'AP의 속성을 가진 사람'이며 '者'는 어떤 성질, 특징을 지닌 사람을 가리킨다. 예를 들면 长寿-者, 沉默-者, 成功-者 등이 있다.

VP와 AP뒤에 결합하는 '者'는 고대 중국어 文言文의 转指 표지 기능을 그대로 보류한 것이다. 따라서 'X+者'구조는 문어체 성격이 강하며 정중하고 공식적인 경향이 선명하다.

a. 投资-者, 爱好-者, 同盟-者, 消费-者, 与会-者, 出境-者, 叛逃-者, 出席-者, 受业-者, 传道受业-者 ……

b. 勤劳-者, 幸运-者, 为善-者, 虔诚-者, 伪装-者, 孤独-者, 痴呆-者, 聪明-者, 阿谀奉承-者, 襟怀笔墨-者 ……

c. 国际主义-者, 唯美主义-者, 种族主义-者, 感伤主义-者, 疑神论-者, 无神论-者 ……

d. 自由职业-者, 手工业-者, 制造业-者, 工商业-者, 贷款业-者, 从业-者,

建筑业-者, 中医业-者, 市场业-者, 经营业-者, IT业-者, 建业-者, 房
地产业-者, 个体业-者, 印刷业-者, 不良业-者, 赌业-者, 煤矿业-者,
捕业-者, 运输业-者, 自由业-者, 银行业-者, 宅建业-者, 工商业-者,
创业-者, 置业-者, 无业-者, 同业-者, 创业-者, 闯业-者, 守业-者, 有业
-者, 旅游业-者, 自营业-者, 待业-者, 丧业-者, 不务正业-者, 就业-者,
失业-者, 再就业-者, 修净业-者, 电信业-者, 酒店业-者……

이러한 용례를 바탕으로 '-者'의 의미자질을 추출하면 다음과 같다.

a. 어기의 구체적 행동을 하는 사람　　→ [+성향(행위성)]
b. 어기 특성 갖고 있는 사람　　　　　→ [+성향(특징)]
c. 어떤 사상이나 가치관의 특징을 갖고 있는 사람
　　　　　　　　　　　→ [+성향 (특징-정신적)]
d. 어기의 일에 종사하거나 어떤 상태에 있는 사람
　　　　　　　　　　　→ [+직업]

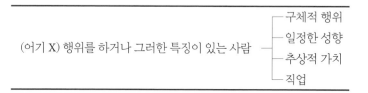

(어기 X) 행위를 하거나 그러한 특징이 있는 사람 ─── 구체적 행위
　　　　　　　　　　　　　　　　　　　　　　　 ─ 일정한 성향
　　　　　　　　　　　　　　　　　　　　　　　 ─ 추상적 가치
　　　　　　　　　　　　　　　　　　　　　　　 ─ 직업

'者'는 중국 고대에서 실질적 의미 기능 보다는 보조적 기능을
담당한 언어형태로서 원의는 '이것'(這)의 의미였고 형용사(구)
나 동사(구) 뒤에서 '사람, 사물, 사건'을 나타내었다. '者'가 사람

뿐 아니라 사물과 사건까지 가리킬 수 있었다는 점은 그가 갖고 있는 객관적 지칭 기능에서 기인한 것으로 보인다. 지시대명사의 주요기능은 바로 지시다. 존재하는 것(사물, 사건, 사람)들을 있는 그대로, 그 자리에 있어야 할 명사를 대신하여 가리키는 것이다.[56] 이러한 기능으로 말미암아 者는 주관적 감정 개입을 전제로 한 '존대나 비하'의 의미적 가치보다는 중립적이고 객관적인 사람의 의미를 나타낸다. 즉 '무엇을 하는/ 어떤 상태에 있는/ 어떤 사상을 가진/ 어떤 직업 상태'의 사람이다.

〈표 45〉 '-者'의 의미자질

의미자질	실질적 의미	상황적 의미
[성향]	+	−
[직업]	+	−

〈표 45〉와 〈표 30〉(본문 163쪽)의 가장 큰 차이점은 후자의 한국어가 중국어에 비해 [+지식 전문] 자질을 하나 더 획득하였다는 점이다. 따라서 해당 의미자질에서 한국어는 [+존대]의 가의 기능도 확인된다.

---

56 이익섭·채완(1999=2006:144)에서는 "대명사(pronoun)는 명사가 쓰일 자리에 그 명사를 대신하여 가리키는 단어들을 말한다. 대명사는 대체될 수 있는 명사를 전제로 하여 파악되고 그 특징도 명사와의 비교에서 파악되는 것이 일반적이다."라고 하였다.

4.3.14. -族

《现汉》에서 '-族'의 의미해석은 다음과 같다.

④ 事物有某种共同属性的一大类(공통한 속성을 지닌 한 부류)
 예 : 水族, 语族, 芳香族化合物, 打工族, 上班族

 중국어 '-族'은 금세기 초반을 기점으로 다량의 신조어가 출현하였다. 打工-族, 上班-族 등 몇몇 어휘로부터 다량의 신조어를 파생하였다. 민족, 종족 등의 의미는 이제 와서 그 생산성이 많이 약화되고 '어떠한 특징을 가진 한 부류의 사람'의 뜻으로 파격적인 조어 기능을 담당하고 있다.[57] 이러한 '-族'의 생산성은 학계의 높은 관심을 이끌어냈고 (준)접미사로서의 지위도 인정받게 되었다.[58]
 아래는 百度·百科[59] 에서 검색해 낸 최근의 신조어들이다.

 a. 月光-族[60], 微量-族, 本本-族, 彩虹-族, 晒黑-族, 穷忙族, 星光-族,
   草莓-族, NONO-族, CC-族[61], 装嫩-族, 太阳-族, 朋克-族, 网络火

---

57 최근 3년 사이의 사전에서 언급하지 않은 신조어까지 합치면 100개가 넘는다.
이들 어휘들의 최종적인 생명력은 더 지켜봐야겠지만 기타 접미사에 비해 현저히
강한 생산성이 충분히 감지된다.

58 陈光磊(1994:56), 沈猛瓔(1995:36), 孙 艳(1998:52), 朱亚军(2001:26), 朴爱阳
(2002:37), 尹海亮(2007:68)등.

59 http://baike.baidu.com-搜索词条에서 검색. 대부분이 2006년-2009년 신조어이다.

60 月光族: 한 달간의 소득을 한 달 내에 모조리 소비해버리는 사람

61 CC族: 문화를 창조하는 무리(Cultural Creative)

腿-族, 无性-族, 丁克-族 ……

b. 上班-族, 工薪-族, 哈日-族, 电影-族, 哈韩-族, 绿卡-族, 电脑-族, 打工-族, 追星-族, 粉领-族, yoyo-族, BoBo-族, 帮帮-族 ……

이상 용례의 실질적 의미는 아래와 같이 하나로 통합될 수 있다.

어떠한 동일한 특징이나 비슷한 속성을 가지고 이루어진 한 부류의 사람이나 집단 → [+성향]

그러나 a류는 사람들의 상식에서 벗어난 행동이나 모양을 하는 '비정상적 경향'이 강하므로 [+비하]의 의미를 갖는다. b류는 '어떠한 특성이 강한 한 부류의 사람'의 중립적 의미를 가지는 것으로 간주된다.

〈표 46〉 '-族'의 의미자질

의미자질	실질적의 의미	상황적 의미
[비정상적 성향]	+	[+비하]
[성향]	+	−

이상에서 논의했던 중국어 인칭접미사의 의미자질을 도표로 제시하면 다음과 같다.

	전문성			성향		비정상 성향	직업성	자격성	신분성
	지식	기술	지식·기술	행위성	특징성				
-家	⊕		+	+	+		+		+
-工		+					+		+
-狂						⊖			
-徒						⊖			
-民				+	+				+
-輩					+	⊖			
-師	⊕	+		+			+	+	+
-士					+		+	+	
-生				+	+				+
-手		+					+		+
-員		+	+	+	+		+		
-人					+		+		+
-者				+	+		+		
-族					+	⊖			

4.4. 한·중 인칭접미사의 의미 기능 대조

앞선 논의를 바탕으로 한·중 한자 인칭접미사의 의미자질 대조표를 정리하면 아래의 〈표 48〉과 같다.

〈표 48〉 한·중 한자 인칭접미사의 의미자질 대조표

의미자질 / 인칭접미사	[+전문]			[+성향]			직업성	자격성	신분성
	지식	기술	지식·기술	행위성	특징성	비정상적 성향			
한국어									
-가(家)	⊕		⊕	+	+		+		
-공(工)		+					+		+
-광(狂)					+	▽			
-도(徒)				+					
-민(民)				+	+				+
-배(輩)					+				
-사(師)	⊕	+		+			+	+	
-사(士)			⊕				+	+	+
-생(生)				+					+
-수(手)		+					+		+
-원(員)		+					+		
-인(人)					+		+		+
-자(者)	⊕			+	+		+		
-족(族)					+	▽			
중국어									
-家	⊕		⊕	⊕	+				+
-工		+					+		+
-狂						▽			
-徒				+		▽			
-民				+	+				+
-輩					+	▽			+
-師	⊕	+					+	+	+
-士					+		+	+	
-生					+				+
-手		+			+		+		
-員		+	+		+		+		+
-人					+		+		+
-者				+			+		
-族					+	▽			

한자 인칭접미사 의미 기능은 아래와 같은 몇 가지로 하위분류 된다. 책에서는 [+전문], [+성향], [+직업], [+자격], [+신분] 등으로 상기 14개 인칭 접미사들을 포함할 수 있는 유효자질로 판단하였다.

杨可人2006:5는 'X+(준)접미사'명사 구조에서 어기가 명사성 성분일 경우, '지칭'을 나타내고 동사성 성분일 때는 '서술적'이며 형용사 성분일 경우, '묘사적'이라고 하였다. 이러한 의미특징은 모두 현성(顯性, dominance)의 특질이 강하다고 주장한다. 인칭접미사를 분석함에 있어서 '어떠한 사람'으로 정의되는 類들이 상당히 많은데 보다 정교한 의미변별을 위하여서는 이것을 세분하여 분석할 필요가 있다. 이 책은 杨可人의 '기술성(記述性)'과 '묘사성(描寫性)'62을 참조로 [+행위]와 [+특징]을 하위 자질로 설정하고 인칭접미사들 간의 차이를 밝히고자 하였다.

본 절에서는 위에서 기술한 내용을 실질적 의미 기능과 부가적 의미 기능으로 세분화하여 한·중 양 언어에서 나타난 의미자질의 상이점을 대조 분석할 것이다. 이러한 목적을 이루기 위하여 각 의미자질에서 나타난 양 언어의 차이를 살피는 작업을 우선으로 하고 다음 동일 어기와 결합하는 인칭접미사 간의 교체 양상을 통하여 그들의 의미영역과 의미자질을 파악하려고 한다.

---

62 앞선 논의에서는 기술의 편의를 위하여 어떠한 행위, 상태의 사람을 '성향'하나로 묶었지만 자세한 변별력을 요하는 4.4. 부분에서는 보다 세분화 된 의미 분석을 위하여 더 구체적인 하위분류를 시도하였다.

4.4.1. 실질적 의미 기능

한자 인칭접미사는 고유어 접미사와 달리 철저한 문법화의 과정을 거치지 않았기에 어휘적 의미가 얼마간 남아 있다. 특히 중국어의 경우 이러한 현상이 더욱 두드러지다. 이것은 중국어 준접미사의 특징으로 간주되기도 한다. 접미사 속에 남아 있는 실질적 의미 기능은 대체적으로 [+전문], [+성향], [+직업], [+집단], [+신분]의 5개로 분류된다.

4.4.1.1. [+전문]

사전[63]에 의한 '전문'의 의미는 한국어와 중국어에서 각각 다음과 같이 풀이된다. 한국어의 사전적 해석은 "〈명사〉어떤 분야에 상당한 지식과 경험을 가지고 오직 그 분야만 연구하거나 맡음, 또는 그 분야"이고 중국어에서는 부사와 형용사로 해석되었는데 본고에 해당하는 의미는 후자의 '어떤 일에만 집중하는 (사람)'이다.

이러한 사전적 의미해석을 바탕으로 '전문성'은 다음과 같은 조건 즉, '일', '지식/경험', '분야'를 내포하고 있음을 알 수 있다.

본 연구에서는 인칭접미사의 어기 유형에 따라 '지식/경험'과 '분야'를 [+지식 전문], [+지식·기술], [+기술 전문][64]의 자질로 세

---

63 한국어는《표준국어대사전》(1999), 중국어는《现代汉语词典》(2006)를 참조하였다.

64 통속적인 표현을 한다면 각각 '정신적', '정신–·육체적', '육체적'세 영역으로 나눌 수 있으나 '육체적'이라는 어휘로 '기능이나 기술'을 표현하기에는 무리가 따르기

분화하여 고찰한다.

1) [+지식 전문] 의미자질

[+지식 전문] 자질을 나타내는 인칭접미사 중 가장 대표적인 것으로 한국어는 '-가(家)'와 '-자(者)', 중국어는 '-家'와 '-师'를 꼽을 수 있다. '-가(家)'는 양 언어에서 모두 [+지식 전문]의 자질을 인정하고 있지만 '-자(者)'와 '-사(师)'는 상이한 모습을 보인다.

한국어 '-자'의 경우, 파생어 어기에 대한 의미 분류 중 a류에서 [+지식 전문]의 자질이 확인된다. (예 : 교육-자, 철학-자, 인류학-자, 문학-자 등) 즉 '어떠한 과학연구나 학문분야의 일에 종사하는 사람'들을 가리킬 때 해당 자질은 유표적이다.

과학, 교육, 철학, 인류학, 문학, 언어학… +자[65]

⇒ 과학적 학문분야 → [+지식]

⇒ 전문으로 일 하는 사람 → [+전문]

'-자(者)'의 [+지식 전문]자질은 위와 같은 과정을 통하여 획득된다.

에 '지식·기술'의 술어로 대체한다. 아울러 '기술성'자질에는 '육체적인 단순노동'이 포함되어 있다. 예 : -원(員)

65 과학자: 과학을 <u>전문</u>으로 연구하는 사람
교육자: 교원으로서 교육에 <u>종사</u>하는 사람
철학자: 철학을 <u>전문</u>적으로 연구하는 사람
언어학자: 언어학을 <u>연구</u>하는 사람 ≒ 어학자

한국어 '-사(師)'는 [+지식 전문]의 의미보다는 [+지식·기술성]의 자질을 갖는 것으로 파악된다. [+지식·기술성]은 '구체성과 경험'을 강조한다.

어기+사⇒ 어떤 일을 전문 직업으로 하는 사람→ [+일]

이때 '일'의 성격은 어기에 의해 결정된다.

간호, 감별, 도박, 마술, 미용,
분장, 요리, 이발, 안마, 접골 … } +사

⇒지식·기술적 분야 → [+지식·기술]

⇒ 그 일을 직업으로 하는 전문가 → [+전문]

이러한 과정을 통하여 '-사'는 [+지식·기술] 일을 전문으로 하는 사람으로 재정리될 수 있다. 이와 같은 이유로 한국어 '-사'는 [+지식 전문]의 의미를 가지지 않는다.

중국어 '-家'는 '전문 학식을 갖추고 있거나 전문 활동에 참여하는 사람'을 가리킨다. '-家'류 파생어의 a류에 해당하는 것들이다.

a류:
专, 画, 政治, 科学,
艺术, 金融, 天文, 语言学 … } +家

⇒ 전문 지식, 학문 분야 →[+지식]

⇒ 전문적 학식 있는 사람→[+전문]

중국어 '-师'는 전문적인 학술지식이거나 기예를 장악한 사람으로 해석된다. 중국어에서 '-师'파생어는 의미에 따라 두 가지로 분류된다.

a류:

工程, 会计, 分析, 股评, 电子商务 …

⇒ 전문 지식 분야 → [+지식]

+师　　　⇒ 전문적 학술지식 장악한 사람 → [+전문]

b류:

化妆, 魔术, 摄影, 雕刻, 理发, 录音, 美容 …

⇒ 구체적 · 전문적 기술 분야 → [+기술]

+师　　　⇒ 전문 기예를 소유한 사람 → [+전문]

'-师'의 a류는 [+지식 전문], b는 [+기술 전문]의 자질을 획득하는데 후자는 후술할 [+전문]의 세 번째 유형에 속하는 것이다.

〈표 49〉 한·중 한자 인칭접미사의 [+지식전문] 자질 분포상

한국어	공유	중국어
-자(者)	-가(家), -家	-师

즉 [+지식 전문]의 의미자질에서 양 언어는 '-가(家)'를 공유하며 '-자'와 '-师'가 대칭분포를 이루는 것으로 파악된다.

2) [+지식·기술전문] 의미자질

이 책에서 설정한 [+지식·기술 전문] 의미자질은 [+지식 전문]과 [+기술 전문] 사이의 과도적 과정이다. 용례분석을 통해서 알 수 있듯이 모든 인칭접미사가 [+지식 전문]과 [+기술 전문]으로 양분되지 않는다. 특히 한국어 인칭접미사에서 이러한 경향이 더욱 선명한데 양자의 중간과정에 속하는 부류들이 중국어에 비해 훨씬 많다.

사전에서 '기술'에 대한 해석은 ①과학 이론을 실제로 적용하여 자연의 사물을 인간 생활에 유용하도록 가공하는 수단 ②사물을 잘 다룰 수 있는 방법이나 능력이다. 이 책에서 '기술성'이라 함은 구체적 행위를 통하여 어떤 사물을 가공하거나 다루는 방법, 수단 및 어떤 지식을 구체적 방식으로 실제에 현현하는 모든 방식의 집합체를 말한다. '기술성'의 핵심은 구체적이어야 하고 행위성이 있어야 하며 결과로 드러날 수 있어야 한다.

[+지식·기술 전문]에 해당하는 한국어 인칭접미사로는 '-가(家)', '-사(師)', '-사(士)'가 있다.

-가(家)

'-가'의 b류는 [+지식]과 [+기술]의 자질을 공유한 유들로 판단되는데 어기는 대부분 '하다'형 서술명사로 구성되었다. '하다'형 서술명사는 '동작성'과 '구체성'을 띠고 있으며 '기술성'에 의해 포섭된다.

<표 50> '-가(家)'의 의미 도출 과정

어기 용례	어기의 의미	의미자질
연주, 웅변, 이재, 문필, 활동, 실무, 문장, 전략…	⇒ 지식+ 실천성 ⇒ 실천적 능력분야	→ [+지식·기술성]
+ '-가(家)'	⇒ X에 능하거나 뛰어난 전문인	→ [+지명도], [+전문]
⇩	⇩	⇩
연주-가, 웅변-가, 이재-가, 문필-가, 활동-가, 실무-가, 문장-가, 전략-가…	⇒지식 실천 분야에 높은 능력을 갖추고 그것을 전문으로 하는 사람	→ [+지식·기술 전문]

-사(師)

'-사(師)'의 용례들은 '지식 실천적'분야가 많은데 '-사'의 '스승 혹은 전문가'의 의미가 가미되면서 상대를 우대하는 느낌을 준다. 그러나 실제 용례를 분석한 결과 한국어에서 3음절 '-사'파생어는 '종교'의 의미항을 제외한 기타 영역에서는 [+존대]의 의미 기능이 없는 것으로 나타났다.

<표 51> '-사(師)'의 의미 도출 과정

어기용례	어기의 의미	의미자질
간호, 기술, 마법, 마술, 요리, 영양, 정원, 조리, 치료, 전도, 강도, 선교 …	⇒ 일정한 지식과 구체적 행위과정을 요하는 실천적 분야	→ [+지식·기술성]
+ '-사(師)'	⇒ X 일에 숙달한 전문/직업인	→ [+전문], [+숙련도]
⇩	⇩	⇩
간호-사, 기술-사, 마법-사, 마술-사, 요리-사, 정원-사, 조리-사, 치료-사, 전도-사, 강도-사, 선교-사…	⇒ 지식을 바탕으로 하는 구체적 분야의 일에 숙달하며 그것을 전문 직 업으로 하는 사람	→ [+지식·기술 전문], [+직업]

-사(士)

‘-사(士)’는 주로 ‘직업’의 뜻을 나타내지만 그 의미를 더 세분화하여 보면 ‘일정한 기능과 자격을 갖추고 그 일에 종사하는 사람’으로 나타난다.

〈표 52〉 ‘-사(士)’의 의미 도출 과정

어기 용례	어기 의미	의미자질
비행, 중개, 변호, 변리, 세무, 機關, 건축, 항해, 판매, 주조, 설계, 장학 …	⇒ 전문지식과 자격성을 요하는 기술·기능성 분야	→ [+지식·기술성]
+‘-사(士)’	⇒ 전문 분야에서 기능·기술 자격을 얻고 전문으로 그 분야의 일을 하는 사람	→ [+전문]
⇩	⇩	⇩
비행-사, 중개-사, 변호-사, 변리-사, 세무-사, 기관-사, 건축-사, 항해-사, 판매-사, 주조-사, 설계-사, 장학-사	⇒ 전문적 전업지식을 바탕으로 기능·기술 자격을 얻고 그것을 직업 으로 하는 사람	→ [+지식·기술 전문]

다음으로, 중국어 [+지식·기술 전문] 의미에 해당하는 인칭접미사는 ‘-员’, ‘-家’이다.

‘-员’의 [+지식·기술 전문]의 자질은 아래와 같은 용례에서 구현된다.

导航-员, 程序-员, 观测-员, 航天-员, 标图-员, 领航-员, 宇航-员, 出纳-员, 裁判-员, 飞行-员, 技术-员, 统计-员, 税务-员 ……

  이상의 예는 '연구, 관측, 프로그램, 기술, 회계, 비행'등 지식 전
문분야에서 기술적인 일을 하는 사람임을 나타낸다.
  아래는 중국어 '지식·기술'분야의 어기를 요구하는 '-家'의 의
미 도출과정이다.

〈표 53〉 '-家'의 의미 도출 과정

어기 용례	어기 의미	의미자질
鉴赏, 股评, 观察, 宣传, 活动, 冒险, 探险	⇒ 지식과 기술분야	→ [+지식 · 기술성]
+'-家'	⇒ 어기행위를 전문으로 잘 하는 사람	→ [+전문]
⇩	⇩	⇩
鉴赏-家, 股评-家, 观察-家, 宣传-家, 活动-家, 冒险-家, 探险-家 …	⇒ 지식 전문 및 구체적 기술 분야에서의 높은 능력이 인정되며 그것을 전문으로 하는 사람	→ [+지식·기술 전문성]

  이상 논의들을 정리하여 한·중 인칭접미사의 [+지식·기술성]
자질 분포를 정리하면 〈표54〉와 같이 된다.

<표 54> 한·중 인칭접미사의 [+지식·기술성] 자질 분포상

한국어	공유	중국어
-사(師), -사(士)	-가(家), -家	-员

3) [+기술 전문] 의미자질

'기술성'은 앞선 내용에서 밝히다시피 '구체성, 행위성, 결과성'을 강조하는 한편 '단순 노동'의 의미도 포함하고 있다.

[+기술 전문]에 해당하는 한국어와 중국어 인칭접미사는 '-공(工)', '-수(手)', '-원(員)', '-사(師)'에 집중되었으며 그 동질성은 [+기술 전문]에서 선명하게 나타난다.

우선 한국어의 경우를 보기로 하자.

<표 55> 한국어 '-공(工)', '-수(手)', '-원(員)', '-사(師)'의 의미 도출 과정

	어기 용례	어기 의미	의미자질
-공(工)	기능, 선반, 숙련, 식자, 용접, 인쇄, 전기…	⇒ 전문 기술/기능적인 영역	→ [+기술]
	+ '-공(工)'	⇒ 기술직의 일을 전문으로 하는 사람	→ [+전문]
	⇩	⇩	⇩
	기능-공, 선반-공, 숙련-공, 식자-공, 용접-공, 인쇄-공, 전기-공…	⇒ 기술직 노동자	→[+기술 전문성]

	어기 용례	어기 의미	의미자질
-수(手)	운전, 타자, 측량, 소방, 조타, 무용, 사격, 기관…	⇒ 손과 관련된 기능직	→ [+기술]
	+'-수(手)'	⇒ 어기 X의 기능적인 일을 전문으로 하는 사람	→ [+전문]
	⇩	⇩	⇩
	운전-수, 타자-수, 측량-수, 소방-수, 조타-수, 무용-수, 사격-수, 기관-수…	⇒ 손과 관련된 기술직을 전문으로 하는 사람	→[+기술 전문성]
-원(員)	간호, 감독, 감사, 미술, 교정, 검역, 조종 …	⇒ 기술과 기능을 필요로 하는 분야	→ [+기술]
	+'-원(員)'	⇒ 어기 X의 일에 종사하는 사람	→ [+전문]
	⇩	⇩	⇩
	간호-원, 감독-원, 감사-원, 미술-원, 교정-원, 검역-원, 조종-원 …	⇒ 기술/기능적 분야의 일을 전문으로 하는 사람	→[+기술 전문성]
-사(師)	간호, 미용, 분장, 사진, 요리, 이발, 안마 …	⇒자격증을 필요로 하는 기술적인 전문 분야	→ [+기술]
	+'-사(師)'	⇒ 어기 X의 기술 일을 전문으로 하는 사람	→ [+전문]
	⇩	⇩	⇩
	간호-사, 미용-사, 분장-사, 사진-사, 요리-사, 이발-사, 안마-사 …	⇒어기 X 분야의 자격을 갖추고 그것을 직업으로 하는 사람	→[+기술 전문성]

다음은 중국어의 경우이다.

〈표 56〉 중국어 '-工', '-手', '-員', '-師'의 의미 도출 과정

접미사	어기 용례	어기 의미	의미자질
-工	临时, 学徒, 压型, 清洁, 运输, 校对…	⇒ 육체적 기술/기능 전문 분야	→ [+기술]
	+'-工'	⇒ 육체적 노동에 전문 종사 하는 기술 근로자	→ [+전문]
	⇩	⇩	⇩
	临时-工, 学徒-工, 压型-工, 清洁-工, 运输-工, 校对-工…	⇒ 기술직 (단순)노동자	→ [+기술 전문성]
-手	爆破, 操盘, 弓弩, 吹鼓 轮机 射雕, 弓箭…	⇒ 기술/기능과 관련된 분 야	→ [+기술]
	+'-수(手)'	⇒ 어기 X의 기능에 능통하 거나 그 일을 전문으로 하는 사람	→ [+전문]
	⇩	⇩	⇩
	爆破-手, 操盘-手, 弓 弩-手, 吹鼓-手, 轮机-手, 射雕-手, 弓箭-手…	⇒ 어기 X 관련 기능 분야 의 일을 하는사람	→ [+기술 전문성]
-員	扳道, 传呼, 推销, 理货, 采购, 按摩, 调度, 驾驶, 跳伞…	⇒ 기술과 기능(단순 노동) 분야	→ [+기술]
	+'-員'	⇒ 어기 X의 구체적 노동 에 종사하는 사람	→ [+전문]
	⇩	⇩	⇩
	扳道-员, 传呼-员, 推销-员, 理货-员, 采购-员, 按摩-员, 调度-员, 驾驶-员, 跳伞-员…	⇒ 구체적인 기능적 일, 분야를 전문 하는 사람	→ [+기술 전문성]

접미사	어기 용례	어기 의미	의미자질
-师	化妆, 魔术, 摄影, 雕刻, 理发, 录音, 美容, 农技, 服装…	⇒ 기술이나 구체적 기능적인 일 분야	→ [+기술]
	+ '-师'	⇒ 기술/기능적인 일을 직업으로 하는 사람	→ [+전문]
	⇩	⇩	⇩
	化妆-师, 魔术-师, 摄影-师, 雕刻-师, 理发-师, 录音-师, 美容-师, 农技-师, 服装-师…	⇒ 어기 X의 기술과 기예를 갖추고 있으며 그것을 전문 직업으 로 하는 사람	→ [+기술 전문성]

이러한 결과를 바탕으로 살펴본 양국 [+기술 전문] 인칭접미사 분포 양상은 다음과 같다.

〈표 57〉 한·중 [+기술전문] 의미자질의 인칭접미사의 분포 양상

한국어	공유	중국어
	-공(工), -수(手), -원(員), -사(师)	

이상에서 논의한 한·중 [+전문] 의미자질은 〈표 58〉와 같이 정리해낼 수 있다.

〈표 58〉한·중 [+전문] 자질 인칭접미사의 분포

	[+지식]		[+기술]				[+지식]·[+기술]		
	-가 (家)	-자 (者)	-공 (工)	-수 (手)	-원 (員)	-사 (師)	-가 (家)	-사 (士)	-사 (師)
한국어	문예-가, 만화-가, 수필-가	교육-자, 철학-자, 문학-자	가래–공, 가열–공, 삽지–공, 조각–공	신호- 수, 전 철-수, 소방-수,	간호-원, 감사-원, 미술-원, 교정-원, 검역-원	미용-사, 분장-사, 사진-사, 요리-사, 이발-사, 안마-사	연주-가, 이재-가, 활동-가	영양-사, 비행-사, 운전-사 기술-사,	검술-사, 간호-사, 전도-사
	-家	-師	-工	-手	-員	-師	-家		-員
중국어	画-家, 政治-家 科学-家 天文学- 家	工程-師 会计-師 分析-師 股评-師	临时-工 学徒-工 压型-工 运输-工 校对-工	爆破-手 操盘-手 弓弩-手 弓箭-手 轮机-手	扳道-員 传呼-員 推销-員 按摩-員 调度-員	化妆-師 魔术-師 摄影-師 理发-師 录音-師	股评-家 观察-家 宣传-家 活动-家 冒险-家		调研-員 程序-員 航天-員 出纳-員 标图-員

4.4.1.2. [+성향]

'성향'의 의미자질은 [+행위], [+특징], [+비정상적 성향] 세 부분으로 나누어 살펴볼 수 있다.

1) [+행위]의 의미자질

'행위성'이 인칭접미사에 반영될 때는 '구체성(육체적 노동)'의 형식을 취하는데 이것은 전술했던 [+지식·기술]과 [+행위] 의미자질과 일맥상통하는 부분이 있다. 따라서 이 두 부류에 속해있던 인칭접미사들은 [+행위]의 자질을 함께 가진다.

한국어에서 [+행위] 자질에 속하는 것들로는 '-가(家)', '-도(徒)', '-사(師)', '-자(者)', '-생(生)', '-민(民)'등이 있다.

- 가(家) :

전문 지식·기술면에서 높은 실천적 능력을 가진 사람 ⇒ 행위성

예 : 등산-가, 탐험-가, 연주-가, 안무-가, 웅변-가, 문필-가 ……

- 공(工) :

구체적인 일을 하는 사람 ⇒ 육체노동, 행위성

예 : 선반-공, 식자-공, 용접-공, 인쇄-공, 기능-공, 급수-공, 급유-공 ……

-사(師) :

어기의 일을 하며 그것을 직업으로 하는 사람 ⇒ 행위성

예 : 간호-사, 곡마-사, 곡예-사, 검술-사, 도박-사, 마술-사, 미용-사,

　　안마-사……

-사(士) :

어기의 일을 직업으로 하는 사람 ⇒ 행위성

예 : 비행-사, 변호-사, 기관-사, 운전-사, 조종-사, 항해-사, 항공-사,

　　속기-사……

-수(手) :

기술 노동 혹은 손과 관련된 일을 하는 사람 ⇒ 구체성, 동작성

예 : 유격-수, 삼루-수, 타자-수, 운전-수, 소방-수, 나팔-수, 사격-수,

해금-수……

-원(員) : 어기의 일을 맡아 하는 사람 ⇒ 행위성

예 : 배달-원, 수집-원, 소방-원, 숙직-원, 속보-원, 순찰-원, 검역-원……

중국어에서 [+행위] 자질에 속하는 것들로는 '-家', '-师', '-手', '-员', '-民', '-生', '-者'등이 있다. 이에 대한 설명은 〈표 52〉와 〈표 55〉에서 자세히 알아 볼 수 있다.

2) [+특징]의 의미자질

[+특징]에 해당하는 인칭접미사들을 보면 한국어는 '-가(家)', '-광(狂)', '-민(民)', '-배(輩)', '-인(人)', '-자(者)'등이 있고 중국어는 '-家', '-民', '-輩', '-生', '-士', '-手', '-员', '-徒', '-人', '-者', '-族'등이 있다.

우선 한국어를 살펴보면 다음과 같다.

-가(家) :

어기의 특징을 많이 가진 사람 → [+성향(특징)]

예 : 탐욕-가, 과작-가, 애주-가, 야심-가, 애조-가, 수완-가, 공상-가, 장서-가 ……

-광(狂) :

어떤 일에 지나치게 심취해 있는 상태의 사람→ [+성향(상태)]

예 : 축구-광, 영화-광, 등산-광, 애서-광, 편집-광, 서적-광, 수집-광……

-민(民) :

어떤 특징의 사람 → [+성향(특징)]

예 : 개척-민, 거류-민, 부역-민, 실향-민, 철거-민, 토착-민, 유랑-민,

　　세궁-민 ……

-배(輩) :

같은 속성을 가진 또래의 사람 → [+성향(특징)]

예 : 동년-배, 동접-배, 마주-배, 소년-배, 약소-배, 연소-배, 중년-배,

　　평교-배 ……

-인(人) :

어떤 특징이나 상태에 있는 사람 → [+성향(특징)]

예 : 고용-인, 지식-인, 사회-인, 피고-인, 무재-인 ……

-자(者):

어떤 상태나 가치관을 가진 사람 → [+성향(상태)]

예 : 승리-자, 망명-자, 변절-자, 급진주의-자, 기회주의-자, 진화론-자 ……

다음, 중국어 [+특징] 자질의 인칭접미사를 살펴보면 아래와
같다.

-家 :

어기 특징을 많이 가진 사람 → [+성향(특징)]

예 : 梦想-家, 野心-家, 鼓动-家, 阴谋-家, 空想-家 ……

-民:

어떠한 상태의 사람 → [+성향(상태)]

예 : 饥-民, 平-民, 灾-民, 富-民, 自由-民, 贼-民, 难-民, 新-民 ……

-辈:

어떤 특징의 한 부류 사람 → [+성향(특징)]

예 : 奴-辈, 鼠-辈-贼-辈, 鼠狗-辈 ……

-生:

어떠한 특징을 가진 학생 → [+성향(특징)]

예 : 可怜-生, 实习-生, 见习-生, 娃娃-生 ……

-士:

어떤 특징/상태의 사람 → [+성향(특징)]

예 : 贫-士, 杰-士, 真-士, 俊-士, 淑-士, 慧-士, 通-士, 怯-士 ……

-手:

어떤 상태의 사람 → [+성향(상태)]

예 : 好-手, 快-手, 高-手, 能-手, 强-手, 妙-手, 老-手 ……

-員:

어떤 특징의 사람 → [+성향(특징)]

예 : 专-员, 伤-员, 病-员, 盟-员, 要-员, 随-员, 雇-员 ……

-徒:

어떤 특징/상태의 사람 → [+성향(특징)]

 예: 囚-徒, 恶-徒, 赌-徒, 暴-徒, 匪-徒, 刁-徒……

-人:

어떠한 특징을 가진 사람 → [+성향(특징)]

예: 有心-人, 风流-人, 活死-人, 套中-人, 意中-人, 陌生-人, 急性-人……

-者:

어기의 특성을 갖고 있는 사람 → [+성향(특징)]

예: 勤劳-者, 幸运-者, 伪善-者, 虔诚-者, 孤独-者, 痴呆者, 聪明者……

-族:

공통한 속성을 지닌 한 부류의 사람 → [+성향(특징)]

예: 上班-族, 电脑-族, 打工-族, 追星-族, 哈韩-族, 工薪-族, 电影-族……

이상 한·중 [+특징]의 인칭접미사들에 대한 논의를 정리하면 아래와 같다.

첫째, 수적으로 중국어가 한국어보다 더 우세하다. 한국어에는 '-가(家)', '-광(狂)', '-민(民)', '-배(輩)', '-인(人)', '-자(者)', '-족(族)'등의 7개 접미사가 포함되고 중국어는 '-家', '-民', '-輩', '-士', '-手', '-員', '-徒'-生', '-人', '-者', '-族'등의 11개가 포함된다.

둘째, 양 언어에서 공통으로 나타나는 인칭접미사들로는 '-가(家)', '-민(民)', '-배(輩)', '-인(人)', '-자(者)', '-족(族)' 등이다.

3) [+비정상적 성향]의 의미자질

　[+비정상적 성향]에 있어서 양 언어는 비슷한 경향을 보이는
데 표로 나타내면 다음과 같다.

〈표 59〉 한·중 한자 인칭접미사의 [+비정상적 성향] 의미자질 분포

언어＼접미사		-광(狂)	-도(徒)	-배(輩)	-족(族)
한국어	의미	어떤 것에 심취한 나머지 병적인 상태(미칠 지경)에까지 이른 사람	--	나쁜 것을 일삼는 특징을 가진 무리거나 사람	비정상적인 특성을 띤 사람의 무리 또는 그런 사람.
	용례	도박-광, 망상-광, 절도-광, 색정-광	--	간녕-배, 간상-배, 간신-배, 건달-배, 도박-배, 망국-배	얌체-족, 장발-족, 제비-족, 히피-족, 박쥐-족, 폭주-족
중국어	의미	어떠한 특징의 사람.	어떠한 사람.	어떠한 부류의 사람	동일 특징이나 비슷한 속성으로 이루어진 한 부류의 사람이나 집단.
	용례	暴露-狂, 虐待-狂, 色情-狂, 殺人-狂, 战争-狂	叛-徒, 奸-徒, 酒-徒, 亡命-徒	贼-辈, 鼠-辈, 奴-辈, 鼠狗-辈	月光-族. 奔奔-族, 负翁-族, 穷忙-族, 装嫩-族, 朋克-族

　본문에서 살펴본 한국어의 [+비정상적 경향]의 인칭접미사들은 '-광
(狂)', '-배(輩)', '-족(族)'이 포함되고 중국어에는 '-狂', '-徒', '-輩', '-族'
이 포함된다. 한국어에서 '-도'가 [-비하]의 의미를 가지는 데 비해 중국
어는 [+비하] 자질을 가진다는 점에서 선명한 대조를 이룬다. 위에서 언
급했던 '행위성', '특징성', '비정상적 경향'의 공시적 고찰로부터 한·중 두

언어의 상이점을 더욱 쉽게 파악할 수 있다. '특징'은 '성향'의 성질을 띠는 것으로서 [+비정상적 성향]과의 의미적 교차 부분의 접미사를 통해 파악할 수 있을 것이다. 양 언어에서 [+특징]과 [+비정상적 성향]의 의미를 공유하는 접미사로는 '-배(輩)', '-족(族)'이 있다.

〈표 60〉 한·중 [+행위], [+특징], [+비정상적 성향] 자질 분포

언어＼의미자질	행위성	특징성	비정상적 성향
한국어	-가, -민, -자		-광, -배, -족
중국어	-家, -民, -員, -徒, -者		-배, -도, -족
한·중 공유	-가(家), -민(民), -자(者)		-배, -족

4.4.1.3. [+직업]

[+직업] 자질은 [+기술](技術)과 [+행위] 자질과 밀접한 연관을 가진다. 일반적으로 두 자질을 갖고 있는 접미사는 절대 대부분 [+직업]의 자질을 포함하고 있다. 그것은 '어떤 일에 종사/어떤 일을 전문으로 한다'는 의미에 내포된 요소가 [+직업]과 연계를 맺기 때문이다. '직업'은 여러 가지 기준으로 분류될 수 있는데 이 책에서는 다른 자질들과의 비교 연구를 위하여 '정신'과 '육체'를 기준으로 세 부류로 나누어 고찰하기로 한다.

한국어 [+직업]을 나타내는 인칭접미사들의 분포는 다음과 같다.

<표 61> 한국어 [+직업] 인칭접미사의 의미자질 분포상

정신적		정신 · 육체적				육체적		
-가 (家)	-자 (者)	-가 (家)	-사 (士)	-사 (師)	-인 (人)	-수 (手)	-원 (員)	-공 (工)
문예-가, 만화-가, 수필-가, 서화-가, 법률-가, 소설-가 …	교육-자, 철학-자, 문학-자, 과학-자, 언어학- 자 …	이재-가, 등산-가 탐험-가 …	비행-사, 변호-사, 속기-사, 중개-사, 판매-사, 투우-사 …	건축-사, 국역-사, 차력-사, 조종-사, 조타-사 …	간병-인, 연예-인, 체육-인, 출판-인, 기업-인, 정치-인 …	이루-수, 우익-수, 소방-수, 취타-수, 사격-수, 궁노-수 …	간호-원, 갑판-원, 감시-원, 거래-원, 개표-원, 검사-원 …	봉제-공, 가열-공, 견습-공, 도색-공, 기능-공, 미장-공 …

중국어 [+직업]을 나타내는 인칭접미사들의 분포는 다음과 같다.

<표 62> 중국어 [+직업] 인칭접미사의 의미자질 분포상

정신적	정신·육체적				육체적		
-家	-者	-士	-师	-人	-工	-手	-员
科学-家 小说-家 艺术-家 评论-家	制造业-者 工商业-者 IT业-者 旅游业-者	助产-士 辩护-士 斗牛-士	化妆-师 魔术-师 摄影-师 雕刻-师	音乐-人 制作-人 电视-人 经纪-人	清洁-工 压型-工 运输-工 洗衣-工	得分-手 爆破-手 搏击-手 拖拉机-手	扳道-员 打字-员 服务-员 售票-员

[+직업]자질에 있어서 한·중 두 언어는 아래와 같은 차이를 보인다. 한국어 '-자'는 '정신'영역의 직업분야에 속하지만 중국어에서는 '정신·육체적'분야에 속한다. 이는 한국어의 '-자(者)'의 미등급이 중국어보다 높게 쓰이는 경향이 있음을 말해준다.

4.4.1.4. [+신분]

신분은 개인의 사회적인 위치나 계급을 말하는데 사회나 일
정 조직 내 지위, 관직 따위 단계에서의 서열 관계를 반영한다.
한 사람의 [+신분]은 사회적이나 법률적인 신분으로 나타나는데
사회적 신분은 그가 종사하고 있는 직업과 그 사람이 가지고 있
는 전문성이나 성향 등 요소의 영향을 받는다.

한·중 한자 인칭접미사들이 [+신분]에서 나타나는 양상들은
〈표63〉에 나타나 있다.

〈표 63〉 한·중 [+신분] 의미자질의 분포

신분 계층	인칭 접미사	한국어	중국어
학생	-생(生)	고교-생, 대학-생, 재학-생	高校-生, 大学-生, 在学-生
근로자	-공(工)	가열-공, 배선-공, 수리-공	加热-工, 配线-工, 修理-工
백성	-민(民)	유랑-민, 유목-민, 전난-민	流浪-民, 游牧-民, 避难-民
종교	-사 (師/士)	감리-사, 전도-사, 선교-사	传教-士, 卫道-士, 修道-士
선수	-수(手)	공격-수, 수비-수, 좌익-수	攻击-手, 二传-手, 得分-手

한국어와 중국어에서 가장 큰 차이를 보이는 것은 바로 '종교'
의미항에서 나타난 두 '-사'인데 한국어의 '-사(師)'가 중국에서
는 모두 '-士'로 대응된다.

〈표 64〉 한·중 한자 인칭접미사 '-사(士)'와 '-사(師)'의 분포

언어 \ 의미자질		[+직업], [+자격]	[+종교]
한국어	-사(士)	± (일부 있음)	-
	-사(師)	+	+
중국어	-士	+	+
	-师	± (일부 있음)	-

이밖에 한국어 '-사(士)'와 '-자(者)'는 '지식 기술'분야에서 [+신분]자질을 가지지만 중국어에서는 확인되지 않는다. 반대로 중국어 '-員'과 '-人'에서는 사회적 신분이 감지되었지만 한국어에서 이러한 자질이 확인되지 않았다.

4.4.1.5. [+집단]

제2장에서 언급하였듯이 한자 인칭접미사는 '집단'과 '개체'로 나누어진다. 대부분은 '개체'(집단속의 개체 포함)그룹에 속해있지만 그중 일부분은 '집단'으로 분류되기도 한다. 한국어 한자 인칭접미사 중 '집단'의미의 접미사들로는 '-도(徒)', '-배(輩)', '-족(族)', '-민(民)'이 있다. 일부 사전에서 몇몇 한자 어소들을 접미사로 간주하지 않는 경우가 있으나 이 책은 전술하다시피 이들을 모두 한자 인칭접미사로 인정하고 이들의 사전 의미를 고찰하고자 한다. 비접미사로 인정한 예들은 해당 글자의 의미를 살펴보았다.

〈표 65〉 한국어 [+집단] 인칭접미사의 사전적 해석

	《표준》	《우리말》	《국어》
-도(徒)	(일부 명사 뒤에 붙어) 사람. 무리의 뜻을 더하는 접미사.	사람, 무리의 뜻.	사람, 무리의 뜻.
예	과학도, 문학도, 철학도, 화랑도	문학도, 과학도, 화랑도	철학도, 문학도
-민(民)	(일부 명사 뒤에 붙어) 사람, 백성, 민족의 뜻을 더하는 접미사.	〈명〉백성, 인민, 국민의 뜻.	〈접〉사람, 공민, 인민이라는 뜻을 나타내는 말.
예	유목민, 이재민, 수재민, 피난민, 실향민	민이 원하는 대로 따르다.	수재민, 농민
-배(輩)	〈접〉(일부 명사 뒤에서) 무리를 이룬 사람의 뜻을 더하는 접미사.	〈접〉일부 이름씨에 붙어서 그 행위를 하는 무리의 뜻.	〈접〉명사 어근에 붙어 무리들의 뜻.
예	불량배, 소인배, 폭력배	간상배, 모리배, 불량배, 정상배*, 폭력배	불량배, 모리배.
-족(族)	1. 민족 이름을 나타내는 대다수 명사 뒤에서 민족을 나타낸다.	(일부 이름씨 뿌리에 붙어) 1. 겨레붙이의 뜻.	(일부 명사 뒤에서) 1. 한 조상에서 갈라져 나온 같은 혈통의 무리를 뜻하는 말.
예	여진족, 만주족, 그리스족	배달족, 여진족, 만주족	흉노족
-족(族)	(몇몇 명사 뒤) 2. 그런 특징을 가지는 사람 무리, 또는 그 무리에 속하는 사람의 뜻.	2. 어떤 동아리나 부류의 사람.	(일부 명사 뒤에 붙어) 2. 일정한 범위를 형성하는 같은 동아리 사람들을 뜻하는 말.
예	얌체족, 장발족, 제비족	장발족, 제비족	히피족, 장발족

* 정상배 : 정치가와 결탁하여 사사로운 이익을 꾀하는 무리.

몇몇 파생어 용례를 통하여 [+집단]의 의미를 재확인해 보도록 한다. 특히 '-도'에 있어서 사전적 의미와 상이한 모습이 감지되었다.

-도 :
　　과학-도 : 과학을 전문적으로 배우고 연구하는 사람
　　문학-도 : 문학을 배우고 연구하는 학생. 주로 대학에서 문학을 공부
　　　　　　　하는 학생
　　화랑-도 : 신라 때에 둔 화랑의 무리
　　법학-도 : 법학을 배우거나 연구하는 사람
　　배화교-도 : 배화교를 믿는 사람이나 그 무리
　　불교-도 : 불교를 믿는 사람 또는 그 무리

이상 용례를 통하여 '-도(徒)'는 종교 영역의 신도를 가리킬 경우 '개체'과 '무리'를 동시에 나타남을 알 수 있다. 비록 세 사전에서 모두 '-도'가 '무리'의 의미를 가지고 있는 것으로 해석하였으나 사실 그 의미등급은 '개체의 사람'에 비하여 낮다. 즉 전반적으로 보았을 경우, '-도'는 '信徒'의 의미 외[66], [+개체]의 의미도 나타낸다.

66　화랑도: 신라 때 사용하던 용례로서 현대국어에서 사용되지 않을뿐더러 하나의 예로 전반을 대표하기는 어렵다.

-민 :

개척-민 : 어떤 지역을 개척하기 위하여 이주한 <u>사람</u>

유목-민 : 목축을 업으로 삼아 물과 풀을 따라 옮겨 다니며 사는 <u>민족</u>

이재-민 : 재해를 입은 <u>사람</u>

피난-민 : 재난을 피하여 가는 <u>백성</u>

실향-민 : 고향을 잃고 타향에서 지내는 <u>백성</u>

정착-민 : 떠돌아다니지 아니하고 일정한 지역에서 머물러 사는 <u>주민</u>
<u>(사람)</u>

'-민'은 '많은 백성'의 의미에서 [+집단]을 확보한다. '백성'은 사회의 한 계층과 그룹을 대표한다. 간혹은 그 구성요소로 되는 개개의 사람을 가리킬 수도 있다. 예: 정착-민, 개척-민. 그러나 '개체'와 '집단'의 혼용으로 말미암아 [+집단]의 자질은 선명하지 않다.

-배 :

불량-배 : 행실이나 성품이 나쁜 사람들의 <u>무리</u>

소인-배 : 마음 씀씀이가 좁고 간사한 사람들이나 그 <u>무리</u>

폭력-배 : 걸핏하면 폭력을 행사하는 <u>무리</u>

부랑-배 : 일정하게 사는 곳과 하는 일 없이 떠돌아다니는 <u>무리</u>

간녕-배 : 간사하고 아첨을 잘하는 <u>무리</u>

협잡-배 : 옳지 아니한 방법으로 남을 속이는 짓을 일삼는 <u>무리</u>

소인-배 : 마음 씀씀이가 좁고 간사한 사람들이나 그 <u>무리</u>

동년-배 : 나이가 같은 또래인 <u>사람</u>

소년-배 : 소년의 무리, 또는 그런 부류의 <u>사람</u>

　　이상에서 보다시피 어기가 나쁜 속성을 가진 파생어에서 '-배'
는 전부 '무리'의 뜻으로 쓰이나 '같은 속성을 가진 또래'의 경우
에는 '개체 사람'을 나타내기도 한다. 그러나 '-배'의 주요 성향은
[+집단]으로 보는 것이 타당한 것으로 보인다.

　　-족 :
　　나체-족 : 알몸으로 사는 것이 자연스럽고 아름답다고 생각하며 그것
　　　　　　을 실천하는 사람의 <u>무리</u>
　　박쥐-족 : 낮에는 쉬고 밤에 활동하는 <u>사람들</u>을 낮잡아 이르는 말
　　얌체-족 : 얌체 짓을 하는 <u>무리</u>
　　미시-족 : 결혼을 했으나, 결혼하지 않은 젊은 여성과 같은 차림으로
　　　　　　다니는 <u>여성들</u>을 이르는 말
　　배낭-족 : 배낭 여행을 하는 사람의 <u>무리</u>

　　이상은 《표준》에서 찾은 파생어들의 의미이다. 최신 유행되고
있는 신조어 '셀카-족, 몰카-족'[67] 등에서는 [+집단]과 함께 '개체'
의미도 나타내고 있다. 즉 '특정된 집단'으로부터 '어떤 특징의 일
반화된 사람'으로 의미가 확대되어 가는 것으로 파악된다. 그러
나 어디까지나 [+집단]은 '-족'이 가지고 있는 핵심적 의미로서
'어기 X+족'구조는 우선 [+무리/집단]의 자질과 공기한다.

67　이 부류의 파생어들은 《표준국어대사전》에 수록되어 있지 않은 신조어들이다.

셀카-족(selfcamera族) : 카메라, 비디오 따위를 이용하여 스스로 자
기 자신의 사진을 즐겨 찍는 <u>무리</u> 또는 그런
<u>사람</u>

실버-족(silver族) : 노인의 집단

몰카-족(몰래+camera族) : 다른 사람의 행동이나 모습을 몰래카메라
로 촬영하는 <u>무리</u> 또는 그런 <u>사람</u>

이상과 같이 네 개의 한자 인칭접미사의 용례 의미로부터 이
들의 [+집단] 속성의 의미 등급을 매겨보면 등급이 가장 낮은 것
은 '-도(徒)'이고 가장 높은 것은 '-족(族)'으로 파악된다.

아래에 이와 대응되는 중국어의 경우를 살펴보자.

〈표 66〉 중국어 [+집단] 인칭접미사의 사전적 해석

사전 접미사	《现代汉语词典》	《新华字典》
-徒	① 어떤 종교를 신앙하는 사람 예:佛教徒 ② 동일 파벌의 사람 예:党徒 ③ 어떠한 사람 예:酒徒, 赌徒	사람을 가리킨다. ① 동일계파나 동일 종교의 사람. 예: 信徒 ; 教徒 ; ② (나쁜) 사람을 가리킨다. 예: 聚徒; 赌徒; 暴徒
-民	어떠한 부류의 사람 예: 藏民, 回民, 农民, 渔民, 居民, 侨民	사람이나 (사람)무리를 가리킴. 예: 民众, 居民, 民族
-辈	어떤 부류의 사람 예: 我辈	등급, 유형(사람)을 가리킴. 예: 无能之辈, 我辈

사전 접미사	《现代汉语词典》	《新华字典》
-族	① 종족, 민족. 　예:汉族, 斯拉夫族 ② 공통한 속성을 지닌 한 부류 　예:水族, 语族, 芳香族化合物, 　　打工族, 上班族	① 민족. 종족. 　예: 汉-族:回-族:维吾尔-族 ② 유형, 어떤 공통한 자질을 가 　진 한 부류. 예: 万物百族, 芳香族化合物

　사전적 해석에 따르면 '-徒', '-辈'는 '개체'를 나타내고 '-民'과
'-族'은 '집단'과 '개체'의 의미를 동시에 갖고 있다.
　역시 용례를 통하여 그 의미[68]를 확인해 보도록 하자.

-徒 :

赌-徒 : 经常赌博的人(일상적으로 도박을 하는 <u>사람</u>)

酒-徒 : 经常喝酒的人(술을 자주 마시는 <u>사람</u>)

亡命-徒 : 不顾性命, 冒险作恶的人(목숨을 내걸고 나쁜 일을 모험적
　　　　　으로 하는 <u>사람</u>)

基督-徒 : 一个信奉耶稣为基督或信仰耶稣教义的人(예수를 기독교
　　　　　나 예수 교의로 신봉하는 <u>사람</u>)

-民 :

饥-民 : 荒年无食之民(흉년에 먹을 것이 없는 <u>사람(들)</u>)

牧-民 : 放牧牲畜并以此为生的人(방목으로 생계를 유지하는 <u>사람</u>)

网-民 : 半年内使用过互联网的6周岁及以上中国公民,诞生于1998

68　용례의 의미해석은《现代汉语词典》, 百度·百科, 汉语在线词典 등을 참조하였다.

年7月8日.(반 년 이내에 인터넷을 사용한 적이 있는 만 6세 이상 중국 공민, 1998년 7월 8일에 처음 사용)

烟-民 : 指抽烟的人(흡연자)

-辈 :

鼠-辈 : 犹言小子.行为不正或无足轻重的人——骂人的话(행위가 단정치 않고 경박한 사람, 특히 남자를 가리킨다. 욕하는 말로 사용됨)

流-辈 : 同一辈份或同一类人(동일항렬이거나 동일유의 <u>사람</u>)

奴-辈 : 奴仆(노복)

鼠狗辈 : 比喻无耻卑劣之徒(후안무치하고 비열한 인간을 비유)

-族 :

微量-族 : 是微亮族的进化版本, 网络名词.指能照亮自己就已足够, 偶尔也可顺便照亮一下别人的<u>人</u>, 思考人生方向, 谋划利益等"大事"则非其所长.('微亮族'에서 진화되어 온 것이다. 인터넷 용어[명사]. 자신의 일을 확실히 하면서 간혹 타인에 대한 배려도 잊지 않는 <u>사람</u>. 인생 목표를 세우거나 나 큰 이익을 도모하는 등은 이들과 거리가 멀다)

本本-族 : 那些自己身上是那个揣着的N个'本本'来混饭吃, 东家不吃吃西家, 游戈在不同的行业的<u>人</u>. '本本'是指技能证书, 学历证书和等级证书等.(여러 가지 졸업증과 자격증을 소유하고 있으며 이곳 저곳 여러 분야에서 전전하는 <u>사람</u>.)

上班-族 : 指的是受雇于企业的受薪阶级<u>人士</u>,也泛指出社会工作并

尚未退休的在**职工作者**.(기업에서 노임을 받거나 사회 직
장 생활을 하는 재직인원을 가리킨다.)

打工-族：打工的人的统称,是指从一个地方到另外一个地方务工的
人,是指利用自身的某一方面或某些方面的能力与企业老
板, 机关, 政府等建立劳动关系的**人**, 但不属于老板, 机关,
政府等. 打工族还有一层含义是指由打工仔打工女形成的
一个**团体**.(타 지방에서 자신의 기술과 능력으로 임시로 일
하는 <u>사람</u>이나 그러한 <u>사람의 집단</u>)

이상 용례에서 보다시피 중국어 '-徒', '-民'은 '집단'의 의미보다
는 '개체로서의 사람'을, '-배'와 '-족' 역시 극히 예외적인 경우(流-
輩, 打工-族)를 제외하면 모두 '개체'의 의미를 내포하고 있다.

한·중 두 언어를 비교하였을 때, 한국어는 [+집단] 의미를 가
지는 인칭접미사를 갖고 있지만 중국어에서 똑같은 쓰임을 보이
는 대응 접미사는 없음을 확인할 수 있다. 이것을 표로 정리하면
다음과 같다.

〈표 67〉 한·중 인칭접미사의 [+집단] 의미자질의 분포 양상

	한국어	중국어
-도(徒)	+	−
-민(民)	+	−
-배(輩)	+	±
-족(族)	+	±

'±'는 [+집단] 자질이 미미함을 나타낸다.

4.4.2. 상황적 의미 기능

상황적 의미는 부가적 의미와 일맥상통하는 개념이다. '상황'이라는 것은 좀 더 장면 의존적이고 조건 의존적인 감을 준다. 학자들의 시각에 따라 사용이 달라질 뿐이다.

본 연구의 '상황적 의미'는 '중심적 의미'와 상대되는 개념으로 사용되었다. '상황'은 말 그대로 '狀況', 그 의미는 언어 환경에 따라 가의 기능이 결정되며 그것은 근본적으로 중심적 의미자질 속의 어떤 요소가 '존비의 의미'와 공기관계를 형성해야만 이루어 질 수 있는 구체적 상황에 의존적일 수밖에 없는 경우에 한한다. 상황적 의미에는 [+존대]와 [+비하]의 자질이 포함된다. 이 책은 인칭접미사의 상황적 의미는 중심적 의미 기능 중 특정한 자질에서만 가의기능을 한다는 것을 전제로 한·중 양 언어에서의 분포를 살펴보았다.

전술했던 4.2.와 4.3.의 논의를 바탕으로 [+존대]와 [+비하]의 상황적 의미 기능 분포는 〈표 68〉과 같이 정리된다.

〈표 68〉 한·중 인칭접미사의 상황적 가의(加義) 기능 대조

	한국어 인칭접미사	중국어 인칭접미사
[+존대]	-가(家), -사(師) -자(者), -인(人)	-家, -师
[+비하]	-광(狂), -배(輩), -족(族)	-狂, -徒, -辈, -族

[+비하]의 상황적 의미는 [+비정상적 성향]의 자질에서 나타난다. [+비정상적 성향]이라함은 어기가 상례를 벗어난 또는 사람들의 반감을 부추기는 경우를 말한다. 예를 들면 杀人-狂, 战争-狂, 竊盜-狂, 酒-徒, 电脑-狂, 鼠-辈, 朋克-族, 간녕-배 등이 있다.

[+비하]의 의미에 있어서 한국어 '-도'와 중국어 '-徒'는 상반되는 양상을 보인다. 즉 전자는 [-비하]이고 후자는 [+비하]이다. 두 언어를 사용하는 언중들의 언어습관과 어기 取捨에 따라 동일 기능을 하는 인칭접미사가 양 언어에서 판이하게 나타난다. 의미자질에 따른 [+존대]의 기능은 중국어 '-家'의 [+성향(행위성)]에서 추가로 발견되었다.

이상으로 지금까지의 논의를 정리하면 〈표 69〉과 같다.

〈표 69〉 한·중 한자 인칭접미사의 총괄 대조표

변별요소＼언어		한국어	중국어
어기 형태	어휘적	외래 신조어(+)	외래 신조어(−)
	문법적	어기 형태 단일.	어기 형태 풍부.
파 생 력		-족(族) > -사(士) >-사(師)	-族>-生>-員
의미자질	전문성	-가(家), -자(者), -사(士), -사(師)	-家, -者, -师,
	직업성	-사(士), -사(師), -가(家), -공(工), -원(員)	-人, -家, -师
	기술성	-수(手), -원(員), -공(工)	-手, -员, -工
	신분성	-생(生), -민(民), -공(工), -사(師), -수(手)	-民,-生,-工,-士,-手
	성향	-광(狂), -도(徒), -배(輩), -족(族)	-狂, -辈, -徒
의미등급	[+존대]	-가(家), -자(者), -사(師), -인(人)	-家, -师
	[+비하]	-족(族), -배(輩), -광(狂)	-族, -徒, -狂,-辈

*이 표는 상대적인 변별적 의미 분류로서 대체적 성향과 변별성을 제시하는 데 그 목적이 있다.

4.4.3. 동일 어기와 결합하는 인칭접미사의 교체 양상

동일어기와 결합하는 접미사 연구는 접미사의 생산성과도 연관되지만 그 의미 영역과 상관 접미사들 간의 의미의 교차적 분포를 알아볼 수 있는 좋은 경로이기도 하다.

본 절에서는 두 언어에서 각각 교체 사용 가능한 접미사들을 그 용법과 의미 별로 그룹을 묶어 고찰하고 최종적인 대비를 통하여 두 언어에서 인칭접미사의 의미 영역과 대응 관계를 밝히고자 한다.

4.4.3.1. '-가(家)'와 '-자(者)'

'-가'와 '-자'는 [+전문], [+성향], [+직업], [+신분] 등 많은 영역에서 공통된 자질을 공유하고 있고 기타 접미사들에 비해 닮은 정도가 가장 높은 그룹이다.

관찰가-관찰자, 망명가-망명자, 투자가-투자자, 고실가-고실자, 권력가-권력자, 점성가-점성자, 사업가-사업자, 연주가-연주자, 연출가-연출자, 실천가-실천자, 실무가-실무자, 발명가-발명자, 교육가-교육자, 문학가-문학자······

發明家-發明者, 改革家-改革者, 革命家-革命者, 觀察家-觀察者, 文學家-文學者······

이상 예들은 동일 어기에 '-가'와 '-자'가 동시에 결합한 것들이다. 그러나 '-가'와 '-자'사이의 미세한 의미나 어감적 차이가 감지된다. 의미의 [+존대] 등급에 있어서 '-가'가 '-자'에 비해 매우 높다는 점이 두드러진다.

문학가: 문학영역과 창작, 연구에 종사하면서 높은 <u>성취도</u>와 <u>지명도</u>를 획득한 사람을 말한다.
문학자: 문학영역에서 창작과 연구에 <u>종사하는</u> 사람.

앞선 논의에서 아시다시피 '-자'와 '-者', '-가'와 '-家'의 사전적 의미해석은 1:1 대응관계가 아니다. 특히 앞선 동일어기 교체 양상을 통하여 이들의 의미적 속성의 차이를 얻어낼 수 있다.

한·중 '-자/者, -가/家' 의미 차이[69]

의미자질		한국어		중국어	
		-자	-가	-者	-家
[+전문성]	[+지식전문성]	+	+	+	+
	[+기술전문성]	+	–	–	–
[+지명도]		–	+	–	+
[+직업]		+	+	+	+
[+성향]	[+행위]	–	–	–	+
	[+상태/속성]	+	+	+	+

---

69 이영자(2010) 「한중인칭접미사 '-자/-가' 형태·의미론적 기능 고찰」 연변대학교학보3, 99쪽 수정 인용.

4.4.3.2. '-가(家)'와 '-인(人)'

건축가-건축인, 문학가-문학인, 미술가-미술인, 음악가-음악인, 예술가-예술인, 정치가-정치인, 체육가-체육인, 도덕가-도덕인, 종교가-종교인, 등산가-등산인 ……

'-가'와 '-인'의 교체사용은 [+직업]의 자질 때문에 생긴 것으로 사료되나 의미면에서는 상당히 큰 차이가 있다. 즉 전자는 [+전문]의 특징이 짙고 후자는 '어느 한 사회 분야의 일을 하거나 어떤 상태의 사람'을 강조하는 등 차이가 있다.

전자는 '전문성'을, 후자는 '일반성', '직업성'을 강조한다는 점이 특징적이다.

4.4.3.3. '-자(者)'와 '-인(人)'

충고자-충고인, 감정자-감정인, 고용자-고용인, 보행자-보행인, 지배자-지배인, 중개자-중개인, 계승자-계승인, 신청자-신청인, 사망자-사망인, 관람자-관람인, 발행자-발행인, 송신자-송신인, 수신자-수신인, 참가자-참가인, 편집자-편집인, 장애자-장애인, 유권자-선거인 ……

한국어에서 '-자'와 '-인'교체는 그 어느 유형보다도 활발하다. 그것은 이들이 의미 면에서 공유하는 부분이 많고 그 영역이 넓기에 교차되는 부분이 클 수밖에 없다. 아울러 상황적 의미에 있어서도 '중립'의 뜻이 강하기에 결합이 자유롭고 결합 범위가 넓다. 양자가 일반적 의미 속성 면에서는 포괄성을, 상황적 의미자질에서 '일반성'을 획득함으로써 그 교체 범위가 상당히 크다.

4.4.3.4. '-가(家)', '-자(者)', '-인(人)'

기업가-기업자-기업인, 문학가-문학자-문학인, 건축가-건축자-건축인 ……

이 부류의 용례의 수는 매우 적은 바 세 인칭접미사에서 공통된 자질을 찾기란 쉽지 않기 때문이다. 위 용례에서 나타난 용례를 보면 한국어 '-가', '-자', '-인' 3자의 근접성은 다른 접미사에 비해 두드러진다.

중국어의 양상도 한국어와 별반 차이가 없는데 가장 활발한 교체양상을 보여주는 유형은 '-者'와 '-人'이고 그 다음은 '-者'와 '-家'였다.

4.4.3.5. '-가(家)', '-자(者)', '-인(人)', '-사(師)'의 교차적 의미기능

위에서 고찰한 '-가(家)', '-자(者)', '-인(人)', '-사(師)'의 사전적 의미 해석과 구체적 용례 및 동일 어기 교체 현상을 통하여 이들의 의미론적 특징을 정리하면 다음과 같다.

한·중 '-가(家)', '-자(者)', '-인(人)', '-사(師)' 의미적 특징 대조표[70]

	[기술 전문성]		[지식 전문성]		[직업]		[성향]		[지명도]	
	한	중	한	중	한	중	한	중	한	중
-가(家)	-	-	⊕	⊕	+	-	+	+	-	-
-자(者)	⊕	⊕	⊕	⊕	+	⊕	⊕	⊕	⊕	⊕
-인(人)	-	-	-	-	+	+	+	+	-	-
-사(師)	+	+	+	⊕	+	⊕	-	-	-	⊕

설명: 표 중 '⊕'부호는 해당 의미자질 외에 [+존대]의 의미가 가미되었음을 나타냄.

이영자2008:2에 의하면 '-가(家)', '-자(者)', '-인(人)', '-사(師)'는 한국어에서 파생 조어력이 높은 한자어 접미사로서 그 생산성이 인정된다. 아울러 상기 4개 접미사는 일부 공통된 의미자질로 말미암아 중국어 해당 접미사와 복잡한 교차적 대응관계를 이룬다.

앞선 논의들에서 도출된 한중 '-가(家)', '-자(者)', '-인(人)', '-사(師)'인칭접미사의 의미자질로부터 우리는 같은 어원에서 유래한 한자어 인칭접미사가 두 언어에서 비대칭의 양상을 보임을 알 수 있었다.[71]

한·중 '-자', '-가', '-인', '-사' 대응양상

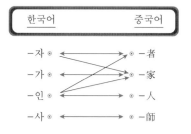

70 이영자(2008) 「한·중 인칭접미사 '-가(家)', '-자(者)', '-인(人)', '-사(師)'의 의미 기능 고찰」, 언어과학연구47

71 위와 같음.

그림에서 알 수 있듯이, '-가(家)', '-자(者)', '-인(人)', '-사(師)'는 의미 기능상 일치성을 보이지만 차이점도 확인된다.

(1) 의미의 대응관계로 보면 한국어 '-자'는 중국어 '-者', '-家'와 대응되며 '-인'은 중국어 '-人', '-者', '-家'와 대응되어 교차적 의미 영역을 가진다. 양자는 '-가(家)'와 '-사(師)'에 비해 훨씬 넓은 의미 분포 영역을 가지는 것으로 나타났으며 한국어 '-자'와 '-인'은 중국어에서 1:多 대응현상을 보인다.

(2) 한국어의 '-자'는 [+직업] 속성이 있는 반면 중국어는 그 기능이 아주 미약한 것으로 나타난다. 한국어의 [+직업] 속성은 주로 '-학+자'류 파생어에서 확인된다.

(3) 한·중 '-가(家)', '-자(者)', '-인(人)', '-사(師)' 사이의 의미 친근도는 '-사(師)'보다 훨씬 높다. '-사(師)'는 세 인칭접미사의 상호 교차적 범위 밖에 있는 이질적인 모습을 보인다. 그 밖에도 중국어 '-人:-家'의 의미의 공유 영역, 즉 의미 친근도가 한국어만큼 높지 않다는 것이 대조적이다.

이영자2008에 의하면 [+사람]의 의미로 하나의 큰 의미장을 이루는 인칭접미사들 간에는 변별적 자질이 선명할 수록 상보적 분포를 보여 언어습득에 유리할 것이고 상호 공유하는 의미 영역이 넓을 수록 교차적 분포를 보임으로써 양국어 학습자의 언어습득에서 어려운 점으로 작용할 것이다. 아울러 본고에서 제시했던 [+지식 전문성], [+기술 전문성], [+직업], [+성향], [+지명도], [+존대] 등 속성들은 이러한 교차적 의미를 변별하는 중요한 척도가 되어 학습자들의 어휘 습득에 일조할 것으로 기대한다.

제 5 장

결 론

이 책은 지금까지의 한자 인칭접미사 연구에서 깊이 있게 논의 되지 못했던 인칭접미사들 간의 의미적 변별자질에 대해 다양한 시각에서 세밀한 분석을 시도하였는바 그 연구 결과를 요약해서 제시하면 다음과 같다.

1. 기존의 논의는 의미기능을 서술함에 있어서 포괄적이고 개괄적인 방식을 취하였다. 이 책에서는 보다 세분화된 의미자질에 대한 고찰을 통하여 지금까지 암묵적으로 간주하여 왔던 존비의 의미 특질은 특정한 자질에서만 그 가의 기능을 하는 것임을 밝혀내었다. 즉 의미자질과 가의 기능 간에는 공기관계를 형성하는 언어요소가 작용한다는 결론을 얻어낼 수 있었다. 예를 들면 [+존대]를 나타내는 '-가(家)'일지라도 모든 의미항에서 [+존대]의 의미를 가지는 것이 아니며 [+비하]의 의미로 여겨왔던 '-도(徒)' 역시 특정한 의미자질에서만 [+비하]의 의미가 있음을 알 수 있었다.

2. 조어적 측면에서 한국어는 중국어에 비해 풍부한 조어 형태소를 가지고 있으며 한국 한자 인칭접미사의 표현방식은 중

국어에 비해 훨씬 세분화되었을 뿐만 아니라 파생력도 중국어에 비해 더 강한 것으로 파악된다. 현대 한국어에서 고유어 접미사의 비생산성과 한자어 접미사의 생산성은 한국어 어휘계통에서 차지하는 한자어 비중에 큰 영향을 미친다. 동일한 의미 기능을 많은 수의 형태가 담당한다는 것은 의미와 그에 따른 어휘형태가 그만큼 세분화되어 있음을 가리킨다. 교착어적 성격의 한국어는 후접성이 강하기 때문에 어휘 생산에 있어서 중국어보다 파생법이 훨씬 중요한 위치를 차지한다. 김동소2005:13의 연구에서 지적하였듯이 "한국어의 어휘상의 특질 중 한 가지는 역시 교착어적인 특질로 인해 특정 부류의 어휘에 파생어가 많다는 점"을 들 수 있다.

3. 한국어 인칭접미사는 중국어에 비해 숫적으로 우세할 뿐만 아니라 조어적 위치에서의 의존도와 문법화 정도가 높으며 사용 범위 역시 넓다. 이것은 한국어 한자 인칭접미사의 어휘화 정도와 직결되는데 한자가 한국에 정착하면서 거의 대부분 의존형태소로 전환된 것과 무관하지 않다.

한국어 화자들은 대부분 한자어 파생어를 하나의 단일어로 인식하는 경향이 강하지만 중국어 화자들은 '어기+접미사' 형태로 분리하려는 경향이 강하다. 따라서 중국어 접미사는 한자의 특성 때문에 한국어에 비해 상대적 자유성을 띤 의존형태소로서 어기와의 결합이 상당히 생산적이며 적은 수의 접미사로서 많은 양의 파생어를 생산하고 있다. 최근 신조어에서 나타나는 '-族, -星, -戶, -热' 등이 그 예이다. 이 중 완전명사나 형용사로 쓰이던 '星, 戶, 热' 들은 심지어 접사화의 경향까지 보이고 있다.

4. 양 언어에서 개별적 인칭접미사는 1:1 비대응을 보인다. 예를 들면 [+지식 전문]에서의 '-가'와 '-자', 한국어 [+지식·기술], [+직업]에서의 '-사(士)'와 중국어 '-師'가 그러하다. [+지식 전문]에서 완전한 일치를 보이는 한국어 '-자'와 중국어 '-家'는 실제 언어현실에서 상보적 분포를 보인다. 예를 들면 물리학-자, 식물학-자, 언어학-자, 역사학-자 : 物理学-家, 植物学-家, 语言学-家, 历史学-家. [+직업]과 [+자격]의 의미를 겸유한 한국어 '-사(士)'와 중국어 '-師'는 상보적 분포를 보인다. 예를 들면 영양-사(士), 세무-사(士), 건축-사(士), 회계-사(士), 조주-사(士) : 营养-师, 税务-师, 建筑-师, 会计-师, 造酒-师.

5. 파생력에 있어서 중국어와 한국어는 신조어에서 '-족' 파생이 상당히 높은 생산성을 보인다. 언어 특성 상 중국어 인칭접미사는 전반적으로 한국 한자 인칭접미사들에 비해 더 많이 더 활발히 조어활동에 참여한다. 한국어는 특정 접미사 몇 개에 조어적 기능이 집중 분포되어 있다.

6. 한국어에서는 [+집단] 한자 인칭접미사를 확인할 수 있었지만 대응되는 중국어 접미사에는 [+집단] 의미자질이 아주 약화되어 있다는 점이 대조적이다.

같은 '-도(徒)' 파생어를 놓고 보더라도 한국어에서는 '집단, 무리'로 사용되지만 중국어에서는 '개체' 의미로만 사용된다.

7. 중국어 '어기+접미사' 구조는 '어기의 사람'을 나타내는 한편, 은유적 수법으로 '그것과 같은 사람'이나 혹은 그것으로부터 전이된 용법은 한국어에서 찾기 힘들다.

예를 들면 香蕉手: 홍콩에서 '빈손으로 처음 초대 받은 집에 찾아 간 사람'을 조롱투로 하는 말인데 '바나나+손'의 은유적 표현이다.

8. 어휘습득에 있어서 파생어의 추이기능과 모국어 간섭 사이의 관계를 잘 파악한다면 보다 효율적인 학습효과를 기대할 수 있다. 특히 한국어에서 동의관계에 있는 '-자'와 '-가', '-인'; '-자', '-원'과 '-수' 등과 한·중 대조의 시각에서 바라본 한국어 '-사(士, 師)'와 중국어 '-師', '-家', '-者', 중국어 '-家', '-者', '-徒, -輩'와 한국어 '-도,' '-배' 등의 접미사 습득은 언어학습자들의 난점으로 예상된다. 본 연구는 바로 이러한 구체적 접미사들의 사전적 해석의 미흡성을 보완하여 학습자의 어휘의미 정확성과 어휘습득의 효과성에 일조할 수 있기를 기대한다.

9. 한국어와 중국어를 막론하고 인칭접미사를 통한 파생은 3음절에서 가장 활발하였다. 특히 중국의 경우 본고에서 논의한 인칭접미사를 포함한 많은 (준)접미사들이 3음절을 통한 어휘파생에 적극 참여한다. 이러한 현상은 중국어 음절 및 절주(節奏)론 이론으로 설명이 가능하다. 즉, 중국어의 가장 이상적인 어휘 음절수는 2음절이며 2음절 어휘가 큰 비중을 차지한다. 그러므로 신조어가 이러한 2음절 어기와 결합 할 가능성은 단음절에 비해 상당히 높다. 중국어 언중들은 심리적으로 [2+1]구조가 [1+2]에 비해 더욱 안정적이고 자연스러우며 전형적 범주의 어형성 보기로 판단하기 때문이다.

중국어 신어의 3음절화는 어휘의 音節節奏에 따른 [2음절+1음절]구조 영향을 받은 것이다. 冯胜利1996, 1998, 端木三1997, 1999은 "2음절어의 절주(節奏)가 가장 좋고 복합어에서는 [2+1]구조가 [1+2]보다 쉽게 받아들여진다."라고 하였다.

간결한 형태에 뚜렷한 의미를 부여하려는 언중들의 언어심리는 "신어의 3음절화"에서도 잘 확인된다. 접미사 어기가 단음절에서 2음절로 변화하는 것은 5.4이후 현대 중국어 어휘의 획기적인 변화의 산물인 것이다.

끝으로 이 책에서 미처 다루지 못했던 문제들 예를 들면 한·중 인칭접미사의 의미 영역 대조 결과에 따른 보다 세밀하고 객관적인 해석과 실질적·상황적 의미자질외의 기타 자질 탐구 및 한자어와 고유어 접미사와의 대응 관계, 그리고 파생어와 언어 습득 간의 상호 관계 등 탐구는 앞으로의 연구과제로 남아있다.

참고문헌

1) 사전, 말뭉치 자료

사전류:

《표준국어대사전》(1999), 국립국어원, 두산동아.

《우리말큰사전》(1991), 한글학회, 어문각.

《국어대사전》(1995), 이숭녕 외, 삼성문화사.

《说文解字今释》(2001), (汉)许 慎 原著, 汤可敬 撰, 岳麓书社出版发行.

《辞源》(4卷本)(1979=1984), 商务(香港)印书馆.

《汉语大词典》(1989), 罗竹风 主编, 上海：汉语大词典出版社.

《现代汉语词典》(1978=2006), 中国社会科学研究院语言研究所 商务印书馆.

《现代汉语双序词汇编》(2003), 刘兴策, 武汉：武汉大学出版社.

《中韩新词语词典》(2005), 朴文峰 等, 北京：民族出版社.

《新世纪汉语新词词典》(2006), 王均熙 编著, 上海：汉语大词典出版社.

《新华字典》(2007), 商务印书馆(网络版www.xhzd.orgl).

말뭉치 자료:

21세기 세종계획말뭉치(현대 문어 부분-원시, 형태소분석 말뭉치).

BORA언어자원은행, KAIST언어연구소.

北京大学CCL现代汉语语料库(现代汉语).

百度·百科语料检索.

2) 한국자료

강두철(1989), "접미사에 대한 연구-사람을 뜻하는 한자 접미사를 중심으로",제주대 학 국어국문학회, 「국문학보」 9, 29-46.

강은국(1995), 『조선어 접미사의 통시적 연구』, 서울: 박이정

강현화·김창구(2001), "어휘력 신장을 위한 기본 한자어의 조어력 조사", 연세대 학교 한국어학당, 「외국어로서의 한국어 교육」 25-26, 179-201.

고영근(1974), 『국어접미사의 연구』, 서울: 광문사

구본관(1999), "파생접미사의 범위",『형태론』 제1권, 1-23.

국립국어원(2007),『사전에 없는 말 신조어』, 서울: 태학사.

김광해(1989), 『고유어와 한자어의 대응 현상』, 서울: 탑출판사.

김건환(1994), 『대비언어학-이론과 응용』, 서울: 청록 출판사.

김경숙(1986), "인칭접미사 '-보' 연구", 동아대학교 국어국문학과, 「국어국문학」 7, 185-198.

김계곤(1996), 『현대 국어의 조어법 연구』, 서울: 박이정.

김민수(1985), 『국어 의미론』, 서울: 일조각.

김봉주(1987), 『형태론』, 서울: 한신문화사.

김수호(1986), "고유어 접미사 연구(1)", 언어과학연구회, 「언어과학연구」 4, 149-185.

김용한(1995), "동일 어기 한자어소의 의미 비교 연구", 대동한문학회, 「대동한문학」 6, 139-176.

김용한(1996), 「사람을 가리키는 한자 어소의 의미 연구」, 대구효성가톨릭대학교박 사학위논문.

김정은(2003), 『국어단어형성법 연구』, 서울: 박이정.

김진우(1986), 『현대 언어학의 이해』, 서울: 한신문화사.

김진우(2008), 『언어』, 서울: 탑출판사.

김진우(2001), 『언어습득의 이론과 실상』, 서울: 한국문화사.

김진해(2006), "신어와 언어 밖", 국립국어원, 「새국어생활」 제16권 세4호, 5-18.

김종택(1982), 『국어화용론』, 서울: 형설출판사.

김한샘(2005), 『2005년 신조어』, 서울: 국립국어원, 110-283.

김한샘(2007), "국어 신어 자료의 현황", 한국어학회, 「한국어학」 34, 1-19.

권승모(1991), "조선어에서 뒤붙이와 토의 한계를 가르는 기준에 대하여", 「김일성 종합대학학보」 12, 26-31.

나은미(2006), "파생 접미사의 의미 패턴 연구", 이중언어학회, 「이중언어학」 28, 81-110.

남길임(2009), "텍스트 장르와 접미사의 사용 양상", 한글학회, 「한글」 283, 5-33.

남성우(1985), 『국어의미론』, 서울: 영언문화사.

남윤진·옥철영(1996), "말뭉치 분석에 기반한 명사파생접미사의 사전정보 구축", 「정보과학회논문지」 14, 389-401.

노명희(2003), "구에 결합하는 접미한자어의 의미와 기능", 한국어의미학회, 「한국어의미학」13, 69-95.

노명희(2003), "어근류 한자어의 문법적 특징", 한국어문교육연구회, 「어문연구」 31-2, 73-95.

노명희(2007), "한자어의 어휘 범주와 내적 구조", 진단학회, 「진단학보」 103,167-191.

노명희(2005), 『현대국어 한자어 연구』, 서울: 태학사.

노명희(2006), "최근 신어의 조어적 특징", 국립국어원, 『새국어생활』 제16권 제4호, 31-46.

단방령(2006), 「한국어와 중국어 파생접사의 대조연구」, 성균관대학교 석사학위논문.

데이비드 싱글턴(2008), Language and the Lexicon: An Introduction『언어의 중심 어휘』, 배주채 옮김, 서울: 삼경문화사.

도원용(2007), "국어사전의 신어 처리", 한국어학회, 「한국어학」 34, 21-45.

박동근(2008), 『한국어 형태론 연구의 새로운 모색』, 서울: 소통.

박종갑(1996), 『토론식 강의를 위한 국어 의미론』, 서울: 박이정.

박형익(2003), "국어사전에서의 한자 접미사와 혼종어 접미사", 한국어학회, 「한국어학」 21, 155-185.

방향옥(2011), 한국 한자어와 중국어의 파생어 대조, 도서출판 역락

베른트 하이네(2004), Cognitive Foundations of Grammar 『문법의 인지적 기초』, 이성하·구현정 역, 서울: 박이정.

서병국(1975), 『국어조어론』, 대구: 경북대학교 출판부.

성근춘(2006), 「한·중 접미파생어 대조 연구」, 경희대학교 석사학위논문.

손용주(2002), 『국어어휘론 연구방법』, 대구: 문창사.

송 민(2006), "20세기 초기의 신어", 국립국어원, 「새국어생활」 제16권 제4호, 19-30.

송철의(1989), 「국어의 파생어형성 연구」, 서울대학교 박사학위논문.

시라카와 시크카 저, 심경호 옮김(2013), 『한자,백 가지 이야기』, 서울: 황소자리 출판사

신기상(2005), 『현대국어 한자어』, 서울: 북스힐.

심재기(1987), "한자어의 구조와 그 구조력", 국어연구소, 「국어생활」 8, 25-39.

심재기(2000), 『국어어휘론』, 서울: 집문당.

안상순(2008), "신어 어떻게 수용할 것인가", 한국어문교열기자협회, 「말과 글」 115,

127-132.

양태식(1984),『국어 구조의미론』, 부산: 태화출판사.

이광호(2006), "파생접미사의 생산성과 파생어 집합의 빈도특성", 한국어문교육연
　　　　구회,「어문연구」3, 219-250.

이광호(2007), "국어 파생 접사의 생산성에 대한 계량적 연구", 서울대학교 박사학위
　　　　논문.

이석주(1989),『국어형태론』, 서울: 한샘.

이영자(2008), "한·중 인칭접미사 '-자, -가, -인, -사'의 의미 기능 고찰", 언어과학회,
　　　　「언어과학연구」47, 1-35.

이영자(2016) "신어 '-족' 파생어의 원형효과로 본 파생법 습득모형 고찰", 한국문
　　　　학언어학회,「어문논총」70, 65-80

이양혜(2006), "우리말 접사의 형태론적 고찰", 우리말학회,「우리말 연구」19, 85-109.

이익섭·채완(2006),『국어문법론강의』, 서울: 학연사.

이정복·양명희·박호관(2006),『인터넷 통신 언어와 청소년 언어문화』, 서울:한국문화사.

이철우(1983), "인칭접미사의 의미분석", 겨레어문학회,「겨레어문학」8, 311-322.

임지룡(1999),『인지의미론』, 서울: 탑출판사.

임지룡(2002), "현대 국어 어휘의 사용 실태와 조어론적 특성", 배달말학회,「배달
　　　　말」30, 41-67.

장　위(2002), "인칭명사형성과 인칭명사화 연구", 서울대학교 석사학위논문.

전명미·최동주(2007), "신어의 단어 형성법 연구", 한민족어문학회,「한민족어문학」
　　　　50, 37-70.

정민영(1993),「국어한자어의 어휘형성연구」, 충북대학교 박사학위논문.

정민영(1997), "한자 접미사'-가'와 '-수'의 비교 연구", 개신어문학회,「개신어문연
　　　　구」15, 77-103.

정상범(2006),『형태론 개론』, 서울: 한국문화사.

정성륜(1998),『어휘조직론』, 서울: 태학사.

정원수(1994),『국어의 단어 형성론』, 서울: 한신문화사.

조남호(1988),「현대국어의 파생접미사 연구」, 서울대학교 석사학위논문.

조오현 외(2008),『한국어학의 이해』, 서울: 소통.

조일규(1997),『파생법의 변천 1』, 서울: 박이정.

진정정(2007),「한·중 인칭파생접미사 연구」, 인천대학교 석사학위논문.

천시권·김종택(1990),『국어의미론』, 서울: 형설출판사.

최규일(1989),「한국어 어휘형성에 관한 연구」, 성균관대학교 박사학위논문.

최규일(1990), "한자어의 어휘형성과 한자어에서의 접사 처리 문제", 「강신항교수 회갑기념 국어학논문집」, 393-409.

최규일(2009), 『한국어 어휘형성론』, 제주: 제주대학교출판사.

최운학(1991), "조선어 한자어휘의 몇가지 특징", 「김일성종합대학」 8, 34-40.

최윤곤(1999), "한자어 형태 범주와 접사 설정 기준", 동국대학교 인문과학대학 국어 국문학과, 「동국어문논집」 8, 290-320.

최창열·심재기·성광수(1994), 『국어의미론』, 서울: 개문사.

최형용(2008), "국어 동의파생어 연구", 국어학회, 「국어학」 52, 27-53.

탁학봉(2003), "중국어 덧붙이 단어습득의 언어 실천적 요구", 「김일성종합대학」 4, 41-46.

하치근(2005), 『우리말 연구의 이론과 실제』, 서울: 한국문화사.

한정한·고석주·김진해·이동혁 저(2008), 『한국어 어휘의미망 구축을 위한 기초 연 구』, 서울: 보고사.

한 림(2006), 「한국어와 중국어의 한자어 접사 비교 연구」, 광운대학교 석사학위 논문.

허효선(1990), 「사람표시 접미사의 어휘론적 연구」, 경북대학교 석사학위논문.

홍종선(2002), "파생어의 생산성", 「영어교육연구」 24, 145-158.

홍사만(1977), "국어 접미사 목록에 대한 재고(1)". 한국어문학회, 「어문학」 36, 101-134.

홍사만(1986), "N류 파생접미사의 의미구조". 경북대학교 인문대학, 「인문학총」 11, 1-16.

홍사만(1997), "한·일어 파생어 형성에 관한 비교 연구-접미파생어를 중심으로", 「어문론총」 31, 경북어문학회, 271-320.

홍사만(1998), 『국어의미론 연구』, 서울: 형설출판사.

홍사만(2002), 『한·일어 대조분석』, 서울: 도서출판 역락.

홍사만 외(2009), 『한국어와 외국어 대조분석론』, 서울: 도서출판 역락.

황화상(2006), "우리말 접사의 의미론적 고찰", 우리말학회, 「우리말 연구」 19, 143-167.

황화상(2004), 『한국어 전산 형태론』, 서울: 도서출판 월인.

Eugene A. NIDA(1994), Componential Analysis of Meaning 『의미분석론』, 조항범 역, 서울: 탑출판사.

M. Lynne Murphy(2003). Semantic Relations and the Lexicon: Antonymy,Synonymy, and Other Paradigms(CambridgeUniversity Press), (임지룡·윤희수 옮 김(2008), 『의미관계와 어휘사전』, 박이정).

Mark Aronoff & Kirsten Fudeman(2005), What is Morphology? 『형태론』, 김경란 옮

김, 서울: 한국문화사.

폴 하퍼·엘리자베스 트루굿(1999), Grammaticalization 『문법화』, 김은일·박기성·채영희 옮김, 서울: 한신문화사.

石绵敏雄·高田诚(2007), 『대조언어학』, 오미영 역, 서울: 제이앤씨.

Kstamba, Francis/Stonham, John (2008), MORPHOLOGY 『형태론』, 김진형·김경란 옮김, 서울: 한국문화사.

John T. Jensen(1994), Morphology: word structure in the generative grammar 『형태론: 생성문법에서의 단어 구조』, 한영목 외 옮김, 서울: 태학사.

Ronald Carter(1998), 『어휘론의 이론과 응용』, 서울: 한국문화사.

3) 중국 자료

A.B. 茨肯 著, 王振昆·李维颐 譯(1984), 汉语构词体系中的半附加成分的研究, 「语言研究译丛」1. 南开大学出版社, 150-164.

Bloomfield, Leonard(1933), LANGUAGE 『语言论』, 袁家骅·赵世开·甘世福 译(1997), 北京：商务印书馆.

Saussure, Ferdinand de(1949), Cours de Linguistique Generale 『普通语言学教程』, 高明凯 译(1996), 北京：商务印书馆.

曹大为(2007), "'族'的类词缀化使用分析", 「山东社会科学」5, 150-152.

陈光磊(1994), 『汉语词法论』, 上海：学林出版社.

陈伟琳(2006), "现代汉语词缀新探", 「中州学刊」4, 243-246.

程丽霞(2004), "语言接触·类推与形态化", 「外语与外语教学」8, 53-56.

储泽祥·谢晓明(2002), "汉语语法化研究中应重视的若干问题", 「世界汉语教学」2.

董秀芳(2005), "汉语词缀的性质与汉语词法特点", 「汉语学习」6, 13-19.

董秀芳(2005), 『汉语的词库与词法』, 北京：北京大学出版社.

董正存(2003), "关于几个新兴词缀的探讨", 「唐山师范学院学报」1, 8-10.

端木三(2000), "汉语的节奏", 「当代语言学」4, 203-209.

段 沫(2008), "论后附标记'者'", 「汉字文化」4, 38-43.

冯敏萱·杨翠兰·陈小荷(2006), "带后缀'者'的派生词识别", 「语言文字应用」2, 139-144.

冯胜利(1997), 『词法与句法』, 北京：北京大学出版社.

封鹏程(2004), "汉语词缀的语义分析", 「语文学刊」3, 86-88.

符淮青(1985),『现代汉语词汇』, 北京: 北京大学出版社.

高名凯(1986),『汉语语法论』, 北京: 商务印书馆.

葛本仪(2007),『现代汉语词汇学』, 济南: 山东人民出版社.

韩晨宇(2007), "汉语三音节新词语与类词缀的发展初探",「北京广播电视大学学
　　　报」3, 49-64.

郭良夫(1990),『词汇与词典』, 商务印书馆.

郭　锐(2004),『现代汉语词类研究』, 商务印书馆.

何春秀(2007), "英汉表示人的后缀比较",「考试周刊」43, 76-77.

贺国伟(2003),『汉语词语的产生与定型』, 上海：上海辞书出版社.

金紅蓮(2001), "한자어접미사에 대한 약간의 고찰", 吉林省民族事務委員會,「中國
　　　朝鮮語文」3, 27-31.

金迎喜(2005), "中韩词缀化现象比较",「解放军外国语学院学报」1.

蒋　斌(2001), "关于'词缀'确定的几个问题",「重庆三峡学院学报」6, 23-25.

姜政东(2001),「中韩汉字词缀的性质,特点及对应关系」, 延邊大學硕士学位论文.

李得春 외(2006),『中・韓言語文字關係史研究』, 延邊教育出版社.

李广明(1997), "关于现代汉语的'缀'",「天水师专学报」4.

李　华(2003), "现代汉语表人名词后缀、类后缀考察", 北京语言大学硕士学位论文.

李仕春(2005), 在汉语新词语产生和流传中的作用",「语文学刊」9, 23-25.

李英子(2010), "朝汉人后缀称-者/-家的构词及语义功能考察",「延边大学学报」3,
　　　96-103

李英子(2012), "朝鲜语人称后缀-sa(师,士)的语义特征",「民族语文」6, 33-37

刘瑞明(1988), "'家'是古汉语中历史悠久的词尾",「天津师大学报」3,　94-96.

刘瑞明(1988), "关于词尾'家'的时代和古今关系",「北京社会科学」4.

刘叔新(2005),『汉语描写词汇学』, 北京：商务印书馆.

刘月华(1983),『实用现代汉语语法』, 北京: 外语教学与研究出版社.

刘志生(2000), "论近代汉语词缀'生'的用法及来源",「长沙电力学院学报」2, 108-110.

陆志韦(1957),『汉语的构词法』, 北京: 科学出版社.

吕叔湘(1979),『汉语语法分析问题』, 北京: 商务印书馆.

马庆株(1998),『汉语语义语法范畴问题』, 北京: 北京语言文化大学出版社.

潘国文·叶步青·韩洋(2004),『汉语的构词法研究』, 上海: 华东师大出版社.

潘国文·谭慧敏(2006),『对比语言学: 历史与哲学思考』, 上海: 上海教育出版社.

朴爱阳(2002),「现代汉语派生词研究」, 南开大学博士学位论文.

郄远春(2006),「现代汉语构词中的词缀化倾向研究」, 中央民族大学硕士学位论文.

任学良(1981),『汉语造词法』, 北京: 中国社会科学出版社.

沈猛璎(1986) "汉语新的词缀化倾向",「南京师大学报」4, 93-99.

沈猛璎(1995), "试论新词缀化的汉民族性",「南京師大学报」1, 35-41.

沈家煊(2005), "语法化研究综观",《汉语语法化研究》, 北京: 商务印书馆.

沈家煊(2004),『不对称和标记论』, 南昌: 江西教育出版社.

石　锓(1996), "近代汉语词尾'生'的功能",「古汉语研究」2, 41-43.

孙新爱(2007), "对现代汉语词缀问题的几点思考",「燕山大学学报」3, 80-84.

孙　艳(2000), "现代汉语词缀问题探讨",「河北师范大学学报」3, 55-58.

孙中远(2002), "'师'字的源流",「大连教育学院学报」2, 57-58.

陶小东(1990),"词缀意义辨析",「上海师范大学学报」4, 124-134.

陶小东(1993), "关于新兴词缀",「上海师范大学学报」4, 131-133.

向　烈(1993), "现代汉语词缀的确定",「常州教育学院学刊」1.

万献初(2004),『汉语构词论』, 武汉: 湖北人民出版社.

王　力(1984),『王力文集(第一卷)』, 济南: 山东教育出版社.

王　玲(2006), "外来语素的词缀化",「语文学刊」7, 71-73.

王绍新(1992), "谈谈后缀",「语言学论丛」(第17辑), 北京: 商务印书馆.

王洪君·富丽(2005), "试论现代汉语的类词缀",「语言科学」5, 3-17.

韋昇英(2002), "한국어에서의 한자어접미사와 신어", 吉林省民族事务委员會,「中国朝鲜语文」6, 17-20.

吴　亮(2005), "试论汉语词缀的形式和途径",「河南教育学院学报」1, 71-75.

徐　湃(2008),「三国志词缀研究」, 吉林大学硕士学位论文.

徐通锵(2004),『汉语研究方法论初探』, 北京: 商务印书馆.

许威汉(2000),『二十世纪的汉语词汇学』, 山西: 书海出版社.

许余龙(2005),『对比语言学概论』, 上海: 上海外语教育出版社.

徐志民(2008),『欧美语义学导论』, 上海: 复旦大学出版社.

杨锡彭(2003), "关于词根与词缀的思考",「汉语学习」2, 37-40.

杨锡彭(2004),『汉语词素论』, 南京: 南京大学出版社.

杨信川(1997), "名词后缀的语义等级",「修辞学习」3, 44-46.

袁毓林(1997), "'者'的语法功能及其历史演变",「中国社会科学」3, 160-174.

尹海亮(2007),「现代汉语类词缀研究」, 山东大学博士学位论文.

赵宏因(1989), "稷山话中的词缀'日'和'人'",「山西师大学报」3.

赵元任(2001),『汉语口语语法』, 北京: 商务印书馆.

詹人凤(1997),『现代汉语语义学』, 北京: 商务印书馆.

张翠敏(2005), "汉语新词语缀化趋势特点及心理基础刍议", 「华北电力大学学报」3, 108-111.

张小平(2003), "当代汉语类词缀辨析", 「宁夏大学学报」5.

张　斌(2008), 『新编现代汉语(第二版)』, 上海: 复旦大学出版社.

张　静(1987), 『汉语语法问题』, 北京: 中国社会科学出版社.

张煌绪(1987), "'家'的词尾化进程", 「中南民族学院学报」2.

张　鹏(2008), "《红楼梦》中的词缀'家'", 「铜仁学院学报」2, 76-85.

张寿康(1981), 『构词法和构形法』, 武汉: 湖北人民出版社.

张晓曼(2002), "试论中韩语言的接触", 「语言研究」特刊, 202-205.

张小平(2003), "当代汉语类词缀辨析", 「宁夏大学学报」5, 22-65.

张学忠(1991), "构词能力浅谈", 「松辽学刊」2, 90-92.

张新红(2008), "指称人的词缀结构及构词过程", 「新疆职业大学学报」3, 21-23.

张新红·刘 峰(2007), "汉语词根词缀化", 「昌吉学院学报」5, 71-74.

张　悦(2006), "中古汉语词缀的辨析", 「山东社会科学」7, 79-158.

张自强(1989), "论有关古汉语中的'士'的几个问题", 「四川外国语学院学报」3.

周 荐·杨世铁(2006), 『汉语词汇研究百年史』, 外语教学与研究出版社.

周　荐(2008), 『20世纪中国词汇学』, 北京: 中国人民大学出版社.

周一民(1998), "汉语构词后缀的识别和规范", 「语文建设」11, 8-10.

宗世海(1997), "'语素'说, '词素'说理由评析", 「暨南学报」4, 134-142.

朱德熙(1982), 『语法讲义』, 北京: 商务印书馆.

朱宏一(2004), "汉语词缀的定义, 范围, 热点和识别", 「语文研究」4, 32-37.

朱茂汉(1984), "汉语名词后缀的特点及其发展趋势", 「阜阳师范学报」4, 155-158.

朱亚军(2001), "现代汉语词缀的性质及其分类研究", 「汉语学习」2, 24-28.

朱志平(2008), 『汉语第二语言教学理论概要』, 北京: 北京大学出版社.

祝鸿杰(1991), "汉语词缀研究管见", 「语言研究」2.

曾晓鹰(1996), "说'词缀'", 「贵州教育学院学报」1, 33-38.

曾立英(2008), "三字词中的类词缀", 「语言文字应用」2, 32-40.

曾立英(2008), "现代汉语类词缀的定量与定性研究", 「世界汉语教学」4, 57-69.